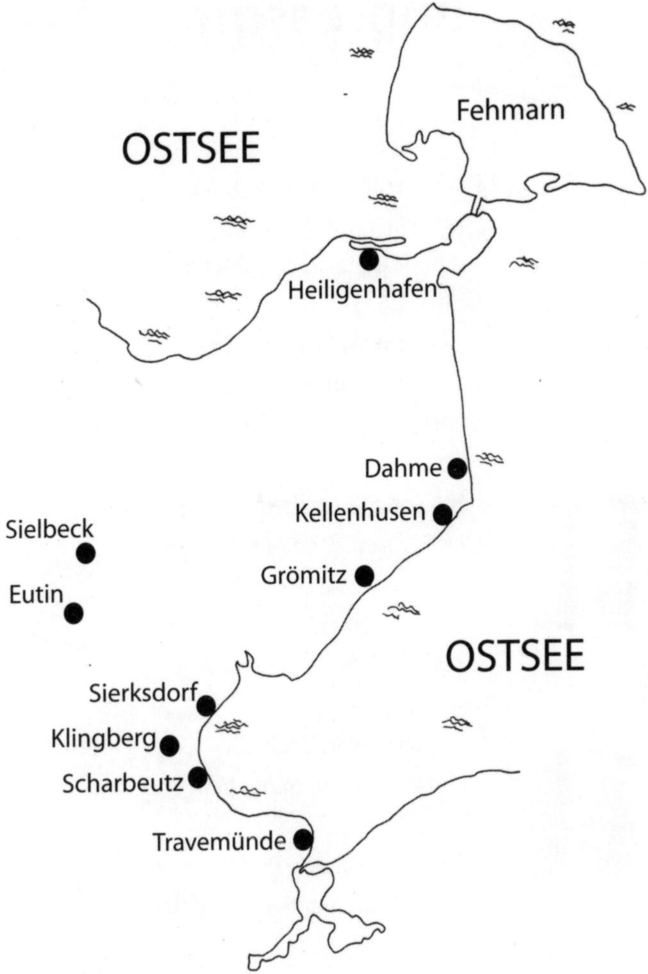
Fehmarn
OSTSEE
Heiligenhafen
Dahme
Kellenhusen
Sielbeck
Grömitz
Eutin
OSTSEE
Sierksdorf
Klingberg
Scharbeutz
Travemünde

Impressum

Lektorat/Korrektorat

Birgit Rentz, Itzehoe

Dietlind Kreber, Scharbeutz

Künstlerische Gestaltung Umschlag

Ute Pönisch, Bad Schwartau

Skizzen

Karina Schaper, Bliesdorf

Satz und Technik

Martin Kreber, Scharbeutz

Druck

CPI – Clausen & Bosse, Leck

Mörderische Ostseegerichte

Hrsg. Dietlind Kreber

Ihr ***krimineller*** Restaurantführer

für die Lübecker Bucht

Fehmarn und Eutin

1

INHALT

Das Rezept zum Nachkochen finden Sie hinter jeder Kurzgeschichte.

Mörderisch guten Appetit wünschen Ihnen
die Autorinnen und Autoren
und der Windspiel Verlag Scharbeutz e.K.

Informationen zu aktuellen (Tatort-)Lesungen
finden Sie unter
www.ostsee-krimi.de

Vorwort

Ein krimineller Restaurantführer mit spannenden Geschichten, Rezepten zum Nachkochen und guten Restaurants, kurzum allem, was Lust auf mehr macht – das Päckchen wird in diesem Buch geschnürt.

Grundlage dieser Mordslektüre sind die seit neunundzwanzig Jahren bekannten und beliebten „Ostseegerichte“ und ihre wunderbaren Schöpfer, nämlich die Köche mit ihren raffinierten Gerichten. „Ostseegerichte“ ist ein alljährlicher Kochwettbewerb entlang der Küste, der seinen Höhepunkt in der Endausscheidung im Maritim Strandhotel in Travemünde findet.

Die Herausgeberin hat in diesem Jahr die Wahl des Ostseegerichtes 2011 als Mitglied der Jury hautnah miterlebt und für Sie hinter die Kulissen geschaut. Ein Verbrechen hat sie nicht entdeckt, dafür aber einen Tag erlebt, der auf eine ganz besondere Weise aufregend war. Nähere Informationen zum Ostseegericht finden Sie unter: www.ostsee-schleswig-holstein.de

Regionale Autoreninnen und Autoren haben die Restaurants und ihre Gerichte aus dem Jahr 2010 in Augenschein genommen und sie mit ihren eigenen, mörderischen Gedanken gewürzt.

Lassen Sie sich in von den Koch- und Schreibkünsten der Protagonisten überraschen!

Feuerwerk der Gefühle

Lena Johannson

Für Wolfgang

Er hasste ihn abgrundtief.

Während er seinen silbernen Porsche Cayenne auf den Parkplatz lenkte, der damals noch nicht so großzügig und solide gepflastert war, fragte er sich zum wiederholten Male, warum er diese dämliche Einladung überhaupt angenommen hatte.

„Auf die alte Freundschaft anstoßen und Anekdoten austauschen." Matthias konnte sich ein bitteres Lachen nicht verkneifen. Nur weil sie zusammen zur Schule gegangen waren, würde er kaum von Freundschaft sprechen. Als er am Beach-Tennis-Platz vorbeischlenderte, wanderten seine Gedanken zurück zu seiner Schulzeit. Das waren keine schönen Erinnerungen.

Sven war der Star der Klasse gewesen. Mit seinen „Atomkraft – nein danke!"-Aufklebern auf der zerschlissenen Ledertasche und seinen Rastalocken hatte er wild, unabhängig und interessant auf die Mädels gewirkt. Vor allem auf Nina. Matthias verlangsamte seinen Schritt bei dem Gedanken an sie.

Er schluckte, als ihm bewusst wurde, dass er sie in wenigen Minuten wiedersehen würde, und blieb an

einem kleinen Springbrunnen stehen, den es früher noch nicht gegeben hatte. Nina war verrückt nach Sven gewesen. Jeder wusste das. Die meisten hatten schon während der Schulzeit gedacht, die beiden wären ein Paar. Matthias wusste es besser. Er hatte durchschaut, dass es Sven nicht ernst mit Nina gewesen war. Darum war er nicht überrascht, dass sie sich damals so schrecklich betrunken hatte.

Es war Svens dreißigster Geburtstag gewesen und das letzte Mal, dass Matthias ihn gesehen hatte. Sie hatten am Strand gefeiert und hier auf diesem Platz, wo jetzt das Wasser aus einer wellenförmigen Skulptur plätscherte und durch eine von grauen Steinen eingefasste Rinne über zwei Treppen hinab in Richtung Kurpark lief.

Nina war die Verliererin des Tages gewesen. Sie hatte sich wirklich alle Mühe gegeben, zu betonen, dass dies der letzte Geburtstag sein könnte, den er als Junggeselle feierte.

Sven dagegen hatte lautstark verkündet: „Ich bin in zehn Jahren auch noch Junggeselle. Darauf könnt ihr euch verlassen!“

Anfangs hatte sie noch versucht, Scherze darüber zu machen und ihm wenigstens eine Andeutung zu entlocken, mit der er sich zu ihr bekannte. Doch er war nicht darauf eingegangen. Was für ein jämmerliches Schauspiel! Schließlich hatte sie aufgegeben und sich frustriert dem Alkohol zugewendet.

Matthias war es gewesen, der Nina nach Hause brachte. Sven, ebenfalls ziemlich betrunken, war mit ein paar Kumpels in das terrassenförmige Appartementhaus gewankt, in dem seine Eltern eine Ferienwohnung hatten. Matthias konnte sich nicht mehr genau erinnern. Er wusste nur noch, dass er Nina untergehakt hatte und mit ihr den Weg entlang am Kurpark vorbeigegangen war.

Er drehte sich um und ging in die Richtung. Ja, hier irgendwo musste es damals passiert sein. Es war ein lauer Sommerabend gewesen, das wusste er noch. Er konnte sich auch entsinnen, dass Ninas Haar wunderbar geduftet hatte. Nie zuvor hatte er sie so eng im Arm halten dürfen.

Wie es dann aber dazu gekommen war, dass sie in einem verschwiegenen Winkel des kleinen Parks Sex miteinander gehabt hatten, das war wie ausgelöscht. Wahrscheinlich hatte er sie trösten wollen, und sie wollte Sven eins auswischen. Sie hatten nie darüber gesprochen.

Nina war ihm aus dem Weg gegangen, seit das passiert war, er war kurz darauf nach Hamburg gezogen. Und nun würde er sie wiedersehen. Die Erinnerung weckte einen Hauch von Triumph in ihm. Einmal hatte er mit Nina geschlafen, und mit Sicherheit wusste Sven nichts davon. Einmal war er ihr ganz nah gewesen.

Wenigstens ein Stückchen Nina gehörte ihm dadurch auch, selbst wenn Sven noch immer mit ihr zusammen war, sie noch immer hinhielt, ohne sie zu heiraten. Matthias spürte den alten Hass auf ihn aufsteigen. Wie konnte der Mistkerl eine so fantastische Frau so mies behandeln? An seiner Seite hätte sie ein großartiges Leben haben können, aber sie hatte sich ja für Sven entschieden.

Vielleicht war diese Einladung doch nicht so dämlich. Ohne viel nachzudenken, war er zurück zu seinem Wagen gegangen, sah sich kurz um, ob ihn niemand beobachtete, und nahm seinen Revolver, den er sich vor einigen Monaten auf nicht ganz legale Weise in Hamburg besorgt hatte, aus dem Handschuhfach.

„Er kommt zu spät!"

„Entspann dich, Nina, es ist fünf nach sieben."

„Hattest du ihm nicht gesagt, er soll um sieben hier sein?"

„Hey, er ist jetzt ein erfolgreicher Geschäftsmann. Du musst ihm schon das akademische Viertel zugestehen."

Sven ging zu ihr herüber, umarmte sie von hinten und gab ihr einen Kuss in den Nacken. „Du stehst hier am Fenster, als könntest du es nicht mehr abwarten, dass er endlich auftaucht. Als ich dir sagte, dass ich ihn hierher eingeladen habe und für uns drei kochen würde, warst du nicht gerade begeistert. Jetzt überlege ich, ob ich Grund habe, eifersüchtig zu sein."

„So ein Quatsch!", fauchte sie und löste sich aus seiner Umarmung.

„Was ist denn bloß los mit dir?"

„Nichts", erwiderte sie schnippisch und schlug sofort die Augen nieder.

„Das kann ja ein reizender Abend werden", sagte Sven seufzend und zog sich in die Küche zurück.

Er klingelte. Ein paar Sekunden Stille, dann hörte er Stimmen, eine Frau und einen Mann, schließlich klackende Absätze auf dem Fliesenboden. Die Tür ging auf. Da stand Nina.

„Hallo Matthias", sagte sie und reichte ihm die Hand, wobei sie an ihm vorbeisah.

Sie war noch immer so schön wie früher, obwohl das jetzt zehn Jahre her sein musste. Allerdings hatte ihre Miene etwas Verkniffenes.

„Nina! Schön, dich zu sehen."

„Komm bitte rein." Sie klang höflich, aber nicht herzlich.

Er machte einen Schritt in die Wohnung, die sich nicht verändert zu haben schien. Mürbe braune Ledersofas, ein passender Sessel, ein rechteckiger Tisch, die Tischplatte aus blau-weißen Fliesen, eine davon gesprungen.

Sven kam herein, eine Schürze umgebunden, an der er sich die Hände abwischte.

„Mensch, Matthias, altes Haus. Super, dass du dir die Zeit genommen hast.“

„Klar, für alte Freunde doch immer.“ Klang er ehrlich? Er wusste selber nicht, warum er das mit den Freunden gesagt hatte.

„Ich habe Schampus mitgebracht.“ Er reichte Sven die Flasche, die er die ganze Zeit im Arm gehalten hatte wie ein Baby.

„Ich hole Gläser.“

Nina ging zu dem Vitrinenschrank, der seine besten Tage auch längst hinter sich hatte. Sie schien ganz froh zu sein, etwas zu tun zu haben und den beiden den Rücken zuwenden zu können.

„Das ist ja eine lustige Idee, mich in die alte Ferienwohnung deiner Eltern einzuladen.“

„Hier haben wir doch die besten Partys gefeiert mit der Clique und Nächte durchgequatscht.“

Nina brachte Kristallgläser, die sicher einmal teuer gewesen, aber gänzlich aus der Mode waren. Sven zog den Korken aus der Flasche. Er ließ ihn nicht an die Decke knallen, wie er es früher gemacht hätte, sondern drückte ihn behutsam heraus, sodass nur ein dumpfer Laut zu hören war.

„Auf unsere Clique!“ Sven hob sein Glas.

Nina nickte nur und trank.

„Ja, auf die Clique“, murmelte Matthias leise und trank ebenfalls einen großen Schluck. „Hast du noch Kontakt zu der Bande?“, wollte er wissen. Nicht, dass es ihn sehr interessierte, aber über irgendetwas musste man ja reden.

„Klar!“ Sven trat ans Fenster und zeigte nach unten auf den kleinen Platz an der Strandallee. „Zum Krabbenfischer, Lorenzo und die kleine Boutique da an der Ecke, die sind noch alle fest in ‚unserer' Hand.“ Er lachte.

Sie tauschten sich rasch über das aus, was sie jetzt so machten. Dass Sven Vorstandsmitglied des hiesigen Hotel- und Gaststättenverbandes war, wusste Matthias natürlich. Nina arbeitete in einer Pyrotechnik-Firma.

„Wir machen meist das Feuerwerk bei der Travemünder Woche und natürlich beim hiesigen Schlotzerfest“, erzählte sie knapp.

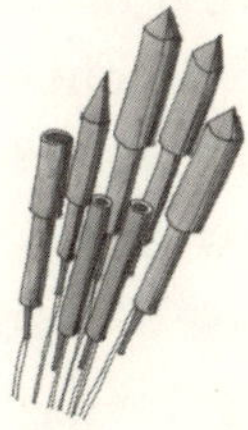

„Und du hast also Karriere gemacht und eine Fast-Food-Kette aufgezogen“, stellte Sven fest.

Es klang abwertend. Matthias wusste sofort, dass er weder begriffen hatte, wie erfolgreich er war, noch wie

viel Arbeit es bedeutete, eine solche Kette zu etablieren.

„Das ist nicht einfach Fast Food“, erklärte er und gab sich Mühe, seinen Ärger zu verbergen. „Das ist Edel-Fast-Food. Currywurst auf feinstem Porzellan, dazu getrüffeltes Röstbrot – die Leute lieben das.“

„Darüber will ich mehr wissen. Immerhin willst du in Scharbeutz ja deine nächste Filiale eröffnen. Aber jetzt setzt euch doch, das Essen ist fertig.“

Als er kurz darauf mit den Tellern an den Tisch trat, verkündete er: „Roulade vom Schollenfilet im Holsteiner Speckmantel auf Möhren-Kartoffelpüree und Lauchstroh.“

„Du meine Güte, Lauchstroh!“ Matthias lachte. „Ziemlicher Schnickschnack, was?“

„Gehobene Gastronomie, würde ich sagen.“

Was war Sven doch für ein arrogantes Ekel! Schon dieses überhebliche Grinsen machte Matthias wütend. Es wäre klug, sich mit dem hohen Tier des Hotel- und Gaststättenverbandes gut zu stellen, aber das würde verdammt schwer werden.

„Und ausschließlich frische hiesige Zutaten“, fügte Sven hinzu. „Guten Appetit!“

Während sie aßen, kam Sven auf Matthias‘ Geschäftsidee zu sprechen. „Du weißt schon, dass das gastronomische Angebot hier im Ort hervorragend ist und nichts mehr fehlt?“

„Das sehe ich ein bisschen anders. Mein Konzept ist einzigartig. So etwas gibt es bestimmt noch nicht."

„So etwas brauchen wir hier auch nicht", sagte Nina leise.

Bevor er etwas erwidern konnte, meinte Sven: „Du wirst einigen das Leben ganz schön schwer machen. Wer mit frischen hochwertigen Lebensmitteln kocht und eine abwechslungsreiche Karte bietet, der kann nicht so billig sein wie du. Da werden einige schwere Verluste haben, wenn du wirklich einen Laden in Scharbeutz eröffnest".

„Was soll das denn heißen: Wenn du wirklich einen Laden eröffnest? Das Lokal ist längst angemietet. Glaubst du, ich lasse das leer stehen? Außerdem heißt es doch immer, Konkurrenz belebt das Geschäft. Wer Angst vor mir hat, der ist eben nicht gut genug. Die Kunden gehen dahin, wo es ihnen am besten gefällt."

Reichte es nicht, dass Sven ihm die Frau genommen hat, die er liebte? Wollte er ihm jetzt auch noch seinen beruflichen Erfolg vermasseln? Das würde ihm nicht gelingen, diesem elenden Besserwisser! Er sah zu Nina hinüber, die still auf ihren Teller starrte. Was war bloß aus ihr geworden?

Plötzlich hatte er eine Szene vor Augen. Sie und er im Park. Sie waren beide betrunken. Er wollte sie küssen. Hatte sie sich damals gewehrt? Er musste schlucken.

„Themawechsel“, verkündete er übertrieben fröhlich. „Ihr zwei seid also noch immer nicht verheiratet?“

„Wozu?“ Sven zog die Augenbrauen hoch. „Wir haben uns ein Haus gekauft, leben zusammen, passen aufeinander auf. Das ist mehr, als viele Ehepaare von sich behaupten können.“

Er beugte sich zu Nina und küsste sie sanft auf die Wange.

Matthias hätte kotzen können. Er konnte diese Idylle nicht ertragen. Ein Bild tauchte unvermittelt vor seinem geistigen Auge auf. Er sah Nina mit zerrissener Bluse und blutender Lippe.

„Siehst du das auch so, Nina?“, fragte er sie.

Dieses Bild gefiel ihm. Er war nicht sicher, ob er sie tatsächlich schon einmal so gesehen hatte, oder ob sein Hirn ihm nur etwas vorgaukelte.

„Wir sind glücklich“, antwortete sie knapp und warf Sven einen so unterwürfigen Blick zu, dass es Matthias wirklich beinahe hochkam.

„Hast du überhaupt noch eine eigene Meinung?“

„Lass gut sein, Matthias!“ Es war Sven anzusehen, dass er sich zwang, ruhig zu bleiben, aber in seiner Stimme lag unmissverständlich eine Drohung. Lächerlich! Womit konnte er ihm schon drohen? Er hatte bestimmt keine Waffe, die er jederzeit aus der Tasche ziehen konnte.

„Meine Güte, Sven, ich verstehe dich nicht. Eine Frau hast du erst sicher, wenn du sie heiratest. Nina sieht noch immer toll aus. Du willst doch nicht riskieren, dass sie dir irgendwann wegläuft."

Ihm kam eine Idee. Er beugte sich vertraulich über den Tisch und flüsterte Sven zu: „Aber vielleicht wäre das gar nicht so schlimm. Was weiß ich, vielleicht ist sie längst nicht mehr so eine Granate im Bett wie früher." Er kicherte.

Sven starrte ihn an. „Was hast du gerade gesagt?"

Nina sprang auf. Er befürchtete kurz, dass sie ihm ein Glas an den Kopf werfen würde. Aber sie zischte nur: „Das reicht!"

Eine Sekunde blieb sie am Tisch stehen und atmete tief ein und aus, dann schob sie den Stuhl zurück, der gefährlich wackelte. „Ich brauche dringend frische Luft."

Damit stürzte sie aus der Wohnung. Und wieder hatte Matthias Bilder vor Augen. Nein, er hatte Nina damals gar nicht nach Hause gebracht. Sie hatte sich losgerissen und war auf und davon gerannt. So wie heute.

Der Streit mit Sven war auf dem Höhepunkt angelangt.

„Ich könnte dich ...", schrie Matthias.

Plötzlich hörte er die Eingangstür und gleich darauf stand Nina im Zimmer. Schnell zog er die Hand aus der

Jackentasche. Noch einmal sah er böse von einem zum anderen, dann stürzte er an ihr vorbei aus der Wohnung.

„Du Schwächling!“, brüllte es in seinem Kopf. „Du hast versagt!“ Sven könnte jetzt tot sein. Er lief planlos in Richtung Strand, trat gegen eine raue Steinsäule, die mit glatt geschliffenen Fischen verziert war. Er hatte nicht übel Lust, etwas zu zertrümmern. Für einen Augenblick überlegte er, ob er die Fenster der kleinen skandinavischen Holzhäuser, die es jetzt hier am Strand gab, einschlagen sollte. Nein, das würde ihm keine Befriedigung bringen. Er hätte ihn abknallen sollen. Dann hätte er Nina trösten können. So wie damals. Seine Zeit würde schon noch kommen, und dann würde er sie sich noch mal schnappen, dachte er, als er zu seinem Wagen zurück ging.

Sven trank einen Schluck Wein. „Matthias ist noch immer der gleiche Idiot wie früher. Der interessiert sich nur für fette Autos mit idiotischem Spritverbrauch, und jetzt geht er auch noch über Leichen, wie es scheint.“

Er schüttelte den Kopf. Nina stand wieder am Fenster. Sie wirkte plötzlich ganz entspannt, als sei eine Last von ihr abgefallen.

„Ich weiß selbst nicht, was ich mir von diesem Treffen erhofft habe. Dass er es sich mit der Eröffnung einer Filiale anders überlegt, war nicht zu erwarten.“

„Wohl kaum“, stimmte sie leise zu.

„Wenn er nur ein bisschen zugänglich gewesen wäre, dann hätte ich ihn vielleicht dazu bringen können, es mit den Angeboten und Niedrigstpreisen nicht zu übertreiben. Aber es scheint ihm geradezu ein Vergnügen zu sein, seine ehemaligen Schulfreunde in den Ruin zu treiben.“

Er machte eine lange Pause. „Ich kann wirklich nicht verstehen, dass du mit dem Typen einen One-Night-Stand hattest.“

Sie drehte sich um und sah ihm in die Augen. „Ich würde auch gern auslöschen, was geschehen ist, das kannst du mir glauben“, sagte sie ruhig.

„Versteh mich nicht falsch, ich bin nicht sauer. Das war schließlich vor unserer Zeit, also, bevor wir ernsthaft zusammen waren.“ Er lächelte ein wenig hilflos.

„Du hast auch keinen Grund, sauer zu sein.“ Nina atmete tief durch.

Niemand sagte etwas, nur das Geschrei der Möwen war zu hören. Plötzlich zerriss ein Knall die Stille.

„Ich kann es nicht rückgängig machen“, sprach sie weiter, als habe sie die Explosion nicht gehört. „Aber irgendwann muss man ein Thema auch abschließen können.“

„Da ist doch etwas passiert!“ Sven war zu ihr an das Fenster getreten.

„Was war das?“ Er starrte angestrengt in Richtung des Kurparks.

Ein Feuerschein erhellte die Nacht.

„Keine Ahnung. Vielleicht ist irgendwo so ein fettes unvernünftiges Auto in die Luft geflogen. Wer weiß?“

Sie sah mit einem Mal sehr zufrieden aus. „Wie wäre es mit einem Dessert?“

Die moderne Scholle

Roulade vom Schollenfilet im Holsteiner Speckmantel auf Möhren-Kartoffelpüree und Lauchstroh

Zutaten für 4 Personen:

800 g Schollenfilet
5 Möhren
5 Kartoffeln
1 Stange Lauch
8 Streifen Speck
100 ml Milch
50 ml Orangensaft
Salz, Pfeffer, Zucker
Muskatnuss, Zitronensaft
50 g Butter

Zubereitung:

Möhren und Kartoffeln kochen und pürieren, dann die Milch dazugeben. Nun Orangensaft und Butter unterheben, mit Salz, Pfeffer, Zucker und Muskat würzen. Schollenfilet zusammenrollen und mit Speck ummanteln. Zitronensaft dazugeben, mehlieren und 10 Minuten braten.

Lauch waschen und in feine Streifen schneiden. Im Öl ausbacken, danach mit Salz würzen.

Anrichten:

Möhren-Kartoffelpüree in die Mitte des Tellers geben. Das Schollenfilet darüber legen und mit dem Lauchstroh dekorieren.

Name und Anschrift des Betriebes:

Zum Krabbenfischer

Strandallee 138

23683 Scharbeutz

Telefon: 04503-898662

Fingerfood

Michael Mehrgardt

Das erste Kapitel, in dem eine Frau für den Mann ihres Herzens ein Mahl bereitet.

Drüben, in der Gaststube, saß er. Es war nicht leicht gewesen, ihn hierher zu locken. Konnte man es ihr verübeln, dass sie zu einer List gegriffen hatte? Ein stattlicher Mann. Nicht schön, aber mit Ausstrahlung. Gut gekleidet. Der Anzug ließ ihn nach jemandem aussehen, der Wert darauf legte, nach jemandem auszusehen. Die Köchin, das Gesicht gerötet von Hitze und Aufregung, betrachtete ihn durch das Guckfenster von der Küche aus.

Sie liebte ihn.

Jetzt schaute er sich um. Unbehagen war ihm anzusehen. Keine weiteren Gäste, merkwürdig.

Merkwürdig? Gleich nachdem er das Restaurant betreten hatte, war sie heimlich zum Eingang geschlichen und hatte die Tür verschlossen.

Er liebte sie auch. Dessen war sie sich sicher. Die Begegnungen im Bus, die heimlichen, vielsagenden Blicke, die Berührungen, wenn man sich im Hinausgehen wie zufällig streifte. Noch durfte er sich seine Liebe zu ihr nicht eingestehen, so kurz nach dem Tod seiner Frau. Aber geht Liebe nicht durch den Magen? Durfte sie nicht hoffen, heute mit Hilfe eines ganz besonderen Gerichtes sein Herz zu gewinnen?

„Mein Herr?“ Er fuhr herum. Er hatte sie gar nicht kommen hören. „Heute ist unsere Auswahl begrenzt, von wegen Dioxin, Sie wissen. Wir haben heute nur noch unser ‚Phantasievolles Schweinchen‘. Da ist nichts drin.“

Oh je, sie fing an zu plappern! Sie war einfach zu aufgeregt!

„Ach, ja – äh – wir kennen uns, glaube ich …“ Anfängliches Erschrecken machte fragender Miene Platz, die sich in Verlegenheit verwandelte, als es ihm einfiel: *die tägliche Fahrt von der Arbeit nach Hause.*

„Wir fahren jeden Abend in demselben Bus“, erläuterte sie. Es sollte beiläufig klingen. Der Mann entspannte sich ein wenig.

„Ja, ach so, ja genau.“ Sein Tonfall blieb fragend. Ein Räuspern, dann Sachlichkeit: „Nichts drin, sagen Sie?“

„Absolut sicher, wirklich. Wir beziehen unser Schweinefleisch immer vom Ringelhof, reine Bioware. Wissen Sie, dieser Hof …“ Halt! Nicht plappern!

„Wenn Sie mir vielleicht schon mal einen Merlot bringen könnten? Mit dem Speisen warte ich noch ein wenig. Mein Geschäftspartner müsste bald kommen.“

Geschäftspartner! Ha! Erhoffte er sich nicht in Wirklichkeit ein erotisches Abenteuer? Männer! Eine junge Journalistin wollte sich hier mit ihm treffen. Für „ein persönliches Interview". Sie, die Köchin, wusste es, weil sie ihm eigenhändig ein Schreiben dieses Wortlautes in den Briefkasten gesteckt hatte. Eine winzige Dosis eines verheißungsvollen Parfums hatte sich unter Umgehung der kritischen Vernunft direkt an den männlichen Hypothalamus gewandt und für die Vorstellung von Verführung und Jugend gesorgt. Warum hätte er sich über das Ansinnen der Presse wundern sollen? Als Witwer einer einflussreichen Frau war er eine Person öffentlichen Interesses! Als Treffpunkt war ihm, welch Zufall, ein Stelldichein in diesem Restaurant schmackhaft gemacht worden.

„Natürlich, sofort."

Während sie die Schweinefiletmedaillons im Sesamkleid in der Pfanne wendete, schickte sie einen flüchtigen Blick durchs Guckfenster. Der Wein machte ihn gelassen. Sie blickte zum Topf, der wilde Reis müsste gleich fertig sein. Sie schnitt den Paprika in Streifen. Wie würde er reagieren, wenn er es erfuhr? Hauptsache, er ging nicht wieder. Auf den richtigen Zeitpunkt kam es an.

„Entschuldigen Sie bitte", leise war sie an seinen Tisch getreten, „soeben habe ich einen Anruf erhalten. Die Dame bat mich, Ihnen auszurichten, dass sie sich verspäten werde. Aber Sie möchten doch bitte mit dem Essen beginnen."

„Frauen ...", seufzte er in sich hinein.

„Wahrscheinlich eine Diät, wenn Sie mich fragen. Sie

hat Angst, den Essensdüften nicht widerstehen zu können.“ Die Augenbrauen der Köchin krochen wie zwei Raupen aufeinander zu, die Stirn war in empathische Hush-Puppies-Falten gelegt.

„Ja, also dann“, er schaute auf seine Uhr, „dann … kann ich ja schon mal bestellen.“

Er war gelöst, das war gut.

„Dieses Schweinchen mit Phantasie also bitte.“

„Gern. Mögen Sie noch ein Gläschen Rotwein?“

„Warum nicht?“

Das zweite Kapitel, in dem der Geliebte eine überraschende Entdeckung macht.

Einige Minuten später stand sie wieder am Herd. Sie wurde jetzt ruhiger. Alles lief gut. Nun war es an der Zeit, sich der Überraschung zuzuwenden. Sie hob die Extrabeilage an und begutachtete sie. Behutsam bestrich sie das Teilchen mit Ei und rollte es in den Sesamkörnern, die aber nicht haften wollten. Was tun? Für einen kurzen Moment kam die Aufregung zurück. Honig! Ja, das könnte gehen. Sie blickte sich um. Wo war doch gleich der verdammte …? Ach ja. Die Prozedur wurde wiederholt, die Körnchen blieben nun kleben. Jetzt in die Pfanne zu den anderen Stückchen.

Als die Köchin in die Gaststube trat, den Teller auf den Fingern balancierend, sah sie irgendwie erwartungsvoll aus, fand der Gast.

„Hm, wie das riecht! Das haben Sie ja wohl mit Liebe gekocht!“

„Schweinefiletmedaillons im Sesamkleid gebraten“, zählte sie artig auf, „mit Ananasscheiben belegt, dazu ein Curry-Wildreisgemisch mit Apfelstückchen in Joghurtsauce, Paprikastreifen und Porreegemüse.“

An der Wasseransammlung im Mund merkte er, dass er heute noch nichts gegessen hatte. Er blickte sie hungrig an.

„Mit Liebe gekocht!“, wiederholte sie im Geiste seine Worte. Sie lächelte ihn an und servierte das Gericht. Mit Liebe! Sie war glücklich. Durfte sie nicht daraus schließen, dass es ihm genau so ging wie ihr? Vielleicht war die Überraschung gar nicht nötig. Sie zögerte. Sollte sie ihm den Teller lieber schnell wieder wegziehen?

„Ich hoffe, es schmeckt Ihnen.“ Nein, sie blieb bei ihrem Plan. Bei Männern weiß man nie. Sicher ist sicher.

„Hm, es ist vorzüglich.“ Der Mann verzog genießerisch sein Gesicht. „Fantastisch, diese Medaillons!“ Er unterbrach sich, als er bemerkte, dass sie noch immer bei ihm stand. „Sagen Sie, bin ich der einzige Gast?“

„Ja, im Moment ist nicht so viel los.“

„Setzen Sie sich doch ein wenig zu mir“, schlug er vor. „Ich meine, wenn es Ihre Zeit erlaubt natürlich.“

„Ich? Zu Ihnen?“ Ihr Herz setzte einen Augenblick aus,

um dann davonzugaloppieren. „Gerne. – Warten Sie, ich hole mir auch ein Gläschen."

Sie beobachtete ihn. Was würde er als nächstes aufgabeln? Sie stellte ihren Wein auf den Tisch und nahm Platz.

„Wissen Sie ..." Jetzt kam es darauf an, nichts falsch zu machen. „Ich sehe Sie jeden Abend im Bus."

Er schaute kurz auf. „Ach ja, stimmt." Dann sagte er noch etwas, was aber im Kauen unterging.

„Und wo wohnen Sie?", fragte sie scheinheilig; denn sie kannte sein Haus genau.

„Mhm ..." Seine Stimme verblieb in der oberen Tonlage, fragend. Er hatte wohl nicht zugehört.

Jetzt fasste sie sich ein Herz: „Sie sind mir aufgefallen."

Der Gast konzentrierte sich gerade auf das nächste Filetstückchen. „Ach ja?"

„Ja, wirklich. Sie haben so etwas ..."

„Dieses Stück ist aber irgendwie ...", murmelte er. Er war schwer zu verstehen. Seine Sprechwerkzeuge waren anderweitig beschäftigt.

„... so etwas Gerades ..." *Jetzt hat er es gleich*, dachte sie.

„... zäh und ..."

„... und Aufrichtiges. Wirklich. Und ich glaube ..."

„... hart." Der Mann nahm es in die Hand. „Entschuldigen Sie, es muss leider sein."

„... wir passen ganz gut zusammen."

„Mhm ..." Der Gast arbeitete, eine Mischung von Skepsis und Verlegenheit im Blick.

„Ich will ganz offen zu Ihnen sein. Ich habe das alles ... das mit der Journalistin ..."

„Mit der Journalistin?" Jetzt hielt er inne.

„Ja. Ich wollte Sie gerne kennenlernen, weil ich Sie ..."

„Die Journalistin?" Er ließ seinen Blick von der Frau zu dem zähen Ding in seiner Hand und wieder zurück wandern.

„Nein, das war ein Vorwand, um Sie ..."

„Sie ist gar keine Journalistin?!" Nun changierte sein Gesichtsausdruck zwischen Verärgerung und Verwirrung. „Mit welchen Tricks diese Journaille so arbeitet!"

„Nein, lieber Herr Wunder, das ist ein Missverständnis!"

„Wie – woher kennen Sie meinen Namen!?"

„Jetzt wundern Sie sich sicherlich, aber ich bin Ihnen einmal nachgelaufen, und da habe ich Ihr Türschild gesehen."

Jetzt war die Verwirrung total. „Dann sind Sie gar keine Köchin, sondern Journalistin? – Was wollen Sie denn von mir?!"

„Nein, ich bin keine Journalistin, ich bin hier die Köchin und Restaurantinhaberin, und das mit der Journalistin habe ich mir ausgedacht, damit Sie hierher kommen. Und ich bin Ihnen einmal gefolgt, um zu sehen, wo Sie wohnen, weil ich ... weil ich Sie ..." Sie errötete. „... liebe." Sie hatte mit Nachdruck gesprochen, jetzt war es heraus, jetzt musste sie Luft holen.

Sein Mund blieb offen stehen. Diese Haltung erinnerte ihn daran, dass man mit offenem Mund noch etwas anderes machen kann als sprechen, nämlich essen. Übersprungshandlung: Wenn der Hund nicht weiß, ob er fliehen oder angreifen soll, versucht er, in seinen Schwanz zu beißen. Der Mann biss kräftig in das Filetstück, das er noch in der Hand hielt.

„Aua!", schrie er auf. Die Panade hatte er inzwischen abgekaut. Stöhnend zog er das Stück aus dem Mund und hielt es hoch, betrachtete es. Aber seine Aufmerksamkeit wurde sogleich von etwas anderem abgelenkt: Er lutschte auf etwas herum, was offenbar in der Mundhöhle verblieben war.

Die Köchin tat uninteressiert. In ihrem Inneren aber tobte es.

„Was ist denn das?"

Der Ausdruck des Gastes veränderte sich: zuerst Erstaunen, dann Erschrecken. Schließlich Erstarrung, die von den Füßen nach oben stieg. Für zwei Sekunden hielt sie seinen ganzen Körper im Griff.

„Das ist ja ein ..." Bleiches, fassungsloses Entsetzen

kroch in sein Gesicht, dann schrie es aus ihm heraus: „Finger!"

„Ja", sagte sie nur.

Er schaffte es nicht einmal, diesen abgetrennten, mittlerweile durch gründliches Nagen von seinem Sesammantel befreiten und mit Nagellack verzierten Finger von sich zu werfen.

„Ihr Finger", erläuterte die Köchin.

Er verstand nicht. Stattdessen pulte er den Fremdkörper aus seinem Mund, inzwischen saubergelutscht. Er hatte ihn jetzt zwischen Daumen und Zeigefinder seiner Rechten, hob diese vor die Augen. Er blinzelte. Befremden und leicht gekräuselte Stirn.

„Das ist ein Ring." Seine Stimme klang tonlos. Dann die Erkenntnis: „Das ist ja mein Name!" Wieder verstrichen zwei Sekunden. „Ein Ehering mit meinem Namen!" Nun schrie er: „Das ist der Ring meiner Frau!"

Das dritte Kapitel, in dem die Frau um die Hand des Geliebten anhält.

Gut, dass er nicht wütend wird, dachte sie. Sie war darauf vorbereitet gewesen. Männer können leicht ein-

mal gewalttätig werden, man weiß das nie. Nun aber saß ihr Geliebter starr vor ihr und brachte kein Wort hervor. Irgendwie tat er ihr leid. Jetzt war Zeit für Trost und einige Erklärungen.

„Ich habe es für uns getan, weil wir doch zusammengehören. Du fühlst das doch auch, Rüdiger. Ich darf doch ‚du' sagen? Ich bin Erika."

Er reagierte nicht, schien also einverstanden. Somit fuhr sie fort: „Ich habe dich vom ersten Augenblick an gemocht, Liebe auf den ersten Blick, könnte man sagen."

Sie kicherte. „Eines Abends bin ich einfach im Bus geblieben und weitergefahren. Als du ausstiegst, bin ich dann auch raus aus dem Bus und dir gefolgt, bis zu deinem Haus. Ein schönes Haus hast du, und so einen schönen Garten ..."

Nicht plappern!, instruierte sie sich. *Komm zur Sache!*

„Äh ... na ja, ehrlich gesagt, habe ich das öfter gemacht. Seit einem Monat sogar jeden Abend. Und du? Hast du gar nichts gemerkt, Rüdiger?"

Er rührte sich nicht.

„Natürlich hast du das mitgekriegt, klar! Du wolltest, dass ich dir folge, stimmt's?"

Der Mann war noch immer gelähmt vor Entsetzen. Musste er Angst haben vor dieser Frau? Er sollte ihr lieber nicht widersprechen! „Ja ..."

„Mir ist dann klar geworden, dass du zuerst noch

etwas zu erledigen hattest, bevor du mir deine Liebe offenbaren konntest. ... Du liebst mich doch auch!“

Statt zu nicken, schluckte er.

„Und dann, am Dienstag vor zwei Wochen, hast du es endlich getan. Und ich habe es gesehen.“

„Was getan?“

„Na, du hast deine Frau umgebracht.“

„Ich habe meine Frau umgebracht ...“ Seine Stimme war leer.

„Ich habe mich hinter dem dichten Gebüsch versteckt, hinter dem großen Findling neben dem Schuppen. Ich habe alles genau beobachtet. Ich habe mich immer dort versteckt und zugeguckt, wie du dich in deinen Fernsehsessel gesetzt hast, dann bist du wieder aufgestanden und umhergelaufen, hast ein Buch genommen und wieder weggelegt. Du warst ziemlich nervös, Rüdiger. Wahrscheinlich warst du da schon mit deinem Plan beschäftigt.“

„Welchem Plan?“, fragte er mechanisch.

„Hab keine Angst, ich werde dich nicht verraten. Es sei denn ...“ Sie guckte ihn prüfend an. Eine Pause entstand.

„Wir gehören doch zusammen! Oder?“

Sie wartete, aber er rührte sich nicht. „Vor zwei Wochen“, fuhr sie unbeirrt fort, „habe ich also gesehen, wie du deine Frau aus dem Haus getragen hast. Der Garten ist ja ideal, praktisch nicht von außen einsehbar. Ich habe sofort erkannt, dass sie tot war, so schlaff, wie sie in deinen Armen hing. Vermutlich hattest du sie gerade erst im Haus getötet. Sie war ja noch nicht steif."

„Meine Frau getötet ..." Immer noch diese tonlose Stimme. „Ich wollte sie doch ..." Kaum merklich schüttelte er den Kopf.

„Keine Angst, ist ja schon gut!" Sie legte ihm mitfühlend die Hand an seine Wange und streichelte ihn, was er geschehen ließ.

„Hast du sie ... erwürgt? Ich hab' gar kein Blut gesehen." Sie schaute ihn liebevoll an. „Ich weiß, du hast es für uns getan."

„Für uns ..." Er hatte nicht einmal mehr genug Willen und Kraft, seine Stimme am Ende zu heben.

„Und dann hast du sie auf die Bank im Beet zwischen den vielen Blumen gelegt. Kurz danach bist du wieder ins Haus gegangen, wahrscheinlich um irgendeinen großen Sack oder Teppich oder so etwas zu suchen. Vielleicht eine Plane, in die du sie einwickeln wolltest, um sie dann mit dem Auto wegzubringen."

„Ich wollte doch, dass sie ..."

„Doch dann wurde mir klar, dass du mir die Zeit geben wolltest, die ich brauchte. Ich also schnell in den Schuppen, mich nach einem geeigneten Gegenstand umgeschaut. Und dann habe ich die Astschere gefunden."

„Mit der Astschere hast du ihr … haben Sie …?!“ Jetzt erregte er sich. „Die hab’ ich gerade erst gekauft! Die war noch völlig ungebraucht!“

Der Köchin war nicht ganz klar, inwiefern diese Tatsache für ihn einen Unterschied machte, aber egal, sie ließ sich nicht mehr bremsen.

„Es ging auch ganz leicht. Es knirschte nur etwas. Ausgezeichnete Qualität, habe ich noch gedacht.“ Sie überlegte kurz. „Ah, ja, vielleicht, weil sie neu war …“

Jetzt wurde sie ganz feierlich. „Ich fand, dass es ein schönes Symbol unserer Verbundenheit ist, dieser Ring und dieser … Finger. Wir sind durch deine Tat miteinander verbunden.“

Nun erhob sie sich und trat seitlich an ihn heran. „Ich möchte hiermit“, sie räusperte sich, „um deine Hand anhalten, mein Geliebter.“

Der Mann fühlte einen dicken Kloß in seiner Kehle. Er konnte nicht mehr schlucken. Konnte er sich überhaupt noch bewegen?

„Du könntest mir den Ring einmal anstecken, wenn du willst. Probeweise …“

„Ich … weiß nicht … bringt das nicht Unglück?“ Er hob sein Gesäß ein wenig an. Er war froh, dass es ging.

„Wie du meinst.“

Er ließ sich wieder auf die Sitzfläche plumpsen.

„Solltest du aber der Meinung sein“, ihre Augen verengten sich, „dass du dein Leben nicht mit mir verbringen möchtest – was ich mir nicht vorstellen kann, immerhin hast du mir mehr als deutliche Signale deiner Liebe gegeben – also nur für den Fall, dass du es dir anders überlegt hast ..."

„Was dann?", fragte er ängstlich.

„... fordere ich deinen Ehering von dir. Mit deinem Ringfinger! Die Astschere ist wirklich sehr scharf ..." Sie sah ihn kompromisslos an. „Sonst gehe ich zur Polizei."

Das vierte Kapitel, in dem etwas Naheliegendes passiert, an das die Köchin nicht gedacht hatte.

Der Mann verließ das Restaurant, nachdem sie seiner Bitte um Bedenkzeit zugestimmt hatte. „Höchstens einen halben Tag!", hatte sie ihm noch hinterhergerufen. Er hatte sich noch einmal umgedreht und irgendwie ganz erleichtert gewirkt. Die Köchin hatte ein gutes Gefühl. Endlich nicht mehr allein sein.

Sie fühlte sich beschwingt. Er würde kommen, dessen war sie sich sicher. Und wenn nicht, sie hielt für einen Moment inne, dann hätte sie immerhin seinen ... Ach was, er will mich, sie fühlte es. Sie nahm den Besen aus der Kammer und fegte die Gaststube. Es sollte alles schön aussehen bei seiner Rückkehr.

Sie rückte die Deckchen auf den Tischen zurecht, versorgte die Pflanzen. Sollte sie noch schnell frische Blumen besorgen? Nein, lieber nicht das Lokal verlassen! Sie durfte ihn nicht verpassen, wenn er käme! Er würde sicherlich gleich hier sein.

Sie zündete einige Kerzen an. Dann fiel ihr auf, dass sie noch ihre Arbeitskleidung trug. Schnell ging sie zum Spind und zog sich um. Sie zupfte an ihren Haaren, schminkte sich ein wenig nach. Was noch? Das Parfum, das sie für das Briefchen benutzt hatte! Sie betupfte sich die Unterarme und das Dekolleté.

Und dann, es war noch nicht einmal eine Stunde vergangen, ging die Tür auf.

Rüdiger! Ihr Geliebter! Aufrecht und selbstsicher stand er in der Tür. Sein Gesicht hatte wieder Farbe bekommen. Er hatte sich entschieden, für eine gemeinsame Zukunft mit ihr. Ihr Blick verschwamm, als sich die Augen mit Tränen der Rührung füllten. Nun kam er auf sie zu. Gleich würde er sie in die Arme schließen! Sie schloss die Augen.

Der Griff, der sie packte, war hart. Ihre Arme wurden auf den Rücken gedreht. Etwas klickte.

„Hiermit verhafte ich Sie wegen Nötigung und Leichenschändung."

Die harte Stimme des Polizisten ertönte direkt neben ihrem Ohr. Der zweite Beamte stand an der Tür.

Als sie hinausgeführt wurde, hörte sie Rüdiger mit leiser, brüchiger Stimme sagen: „Meine Frau ist nach langer, schwerer Krankheit gestorben. Und ich habe ihren letzten Wunsch erfüllt, sie nach ihrem Tod für zwei Stunden zu ihren Blumen zu legen, auf die Gartenbank im Beet. Noch bevor ich das Bestattungsinstitut anrufe. Der Garten war ihr Lebensinhalt."

Als Erika spürte, wie sich ihr eine Hand schwer auf den Kopf legte und sie auf den Rücksitz des Wagens drückte, murmelte sie, kaum merklich den Kopf schüttelnd, in sich hinein: „Warum, Rüdiger? Warum nur ...?"

Phantasievolles Schweinchen

Schweinefiletmedaillons im Sesamkleid auf Curry-Wildreisgemisch mit Porreegemüse und einer Joghurtsauce

Zutaten für 4 Personen:

680 g Schweinefilet
80 g Sesamkörner
16 ml Olivenöl
120 g frische Ananas
4 Eier
80 g Mehl
80 g Butter
400 ml Schlagsahne
400 ml Joghurt
320 g Wildreisgemisch

200 g Äpfel
120 g rote, frische Paprika
120 g Porree
Salz, Pfeffer, Curry

Zubereitung:
Schweinefilet in 3334 x 3 Medaillons schneiden, leicht plattieren, würzen, in Sesam wenden und braten. Ananas schälen, vierteln, Strunk herausschneiden, in Scheiben schneiden und anbraten. Wildreisgemisch in Salzwasser garen, mit Apfelstücken, Salz, Pfeffer und Curry braten. Sahne und Joghurt aufkochen und mit Salz und Pfeffer abschmecken.
Roten Paprika in Streifen schneiden, blanchieren und in Butter anbraten, mit Salz und Pfeffer abschmecken. Porree waschen und in Streifen schneiden, blanchieren und in Butter anbraten, mit Salz und Pfeffer würzen.

Anrichten:
Wildreisgemisch in der Mitte des Tellers anrichten, die Schweinemedaillons ringsherum verteilen und mit den Ananasscheiben belegen. Den Porree in die Mitte auf den Wildreis setzen. Die Joghurtsauce auf die freien Stellen des Tellers geben und mit den Paprikastreifen verzieren.

Name und Anschrift des Betriebes:

Restaurant zum Moorteich
Uhlenflucht 24
23684 Scharbeutz-Klingberg
Telefon: 04524-1778
www.ferienparadies-klingberg.de

Der Ruf der Wale

Petra Tessendorf

Als er die Terrassentür öffnete und auf das Meer hinaussah, war es in der alten Strandvilla am Graswarder noch ruhig. Paulus Salinger liebte die frühe Morgenstunde, er liebte die Energie und die Frische der Gedanken kurz nach dem Erwachen. Morgens war er immer Optimist.

Es war kurz vor sechs, als er in die Küche ging. Er wusste, wo der Kaffee zu finden war oder das Geschirr. So oft schon war er in diesem Haus am Rande der bewohnten Welt gewesen, dass es ihm beinahe wie sein zweites Zuhause vorkam. Ja, er konnte sich glücklich schätzen, einen Freund und Kollegen zu haben, der im Besitz eines so wunderbaren Schatzes war. Und dass er, Kriminalhauptkommissar Paulus Salinger, jederzeit daran teilhaben konnte. An diesem Wochenende war er nach Heiligenhafen gekommen, weil er sein Geburtstagsgeschenk einlösen wollte.

Der Kaffee war gerade fertig, als Heimdahl müde und mit wirrem Haar in der Küche auftauchte.

„Morgen", murmelte er mit zusammengekniffenen Augen, die sich noch nicht an das frühe Tageslicht gewöhnt hatten.

Er nahm ein Glas aus dem Schrank, füllte es mit Kran-

wasser und trank es gierig aus. „Oh je, ich glaube, das war ein Glas zu viel gestern."

„Geht mir auch nicht anders", entgegnete Paulus. „Hier, der macht dich wieder munter." Er reichte ihm einen Becher Kaffee.

Eine Viertelstunde später waren die beiden bereits unterwegs. Schweigend gingen sie den unbefestigten Weg entlang Richtung Hafen. Unzählige Vögel des Vogelschutzparks begrüßten die beiden Männer und den neuen Tag mit Geschnatter und Gekreische.

„Kein Wunder, dass man hier schon vor dem Wecker wach wird, bei dem Lärm", bemerkte Salinger und rückte die längliche Tasche mit der Ausrüstung auf seiner Schulter zurecht.

Sie gingen am Yachthafen entlang. Ein feiner Wind ließ die Fallen an den Masten in den verschiedensten Tonlagen klimpern. Möwen kreischten über ihnen. Das Konzert der Küste, dachte Salinger und atmete tief ein.

Kurze Zeit später waren sie am Ziel. Die ‚Elisabeth' lag ruhig und knallrot im Hafen. Die ersten Angler waren bereits eingetroffen, standen herum, begrüßten sich, einige waren schon an Bord. Martin Heimdahl, ein erfahrener Hochseeangler, hatte zwei Plätze am Bug des Schiffes reserviert, seiner Meinung nach die besten.

Martin Heimdahl war überhaupt der einzige Mann, den Salinger kannte, der seine Angelleidenschaft durch

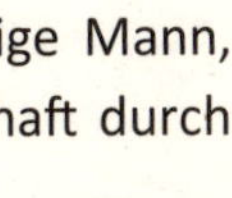

die Pubertät gerettet, sie tapfer neben Gitarrespielen, Mädchen und Biersaufen beibehalten hatte. Das mochte Paulus an ihm, dieses Jungenhafte. Er erinnerte sich daran, wie Heimdahl im letzten Sommer einen Fünfundzwanzig-Kilo-Dorsch aus dem Fehmarnbelt gehievt hatte. Dieser Ehrgeiz und die Freude am Erfolg waren immer wieder erfrischend.

Paulus Salinger hatte nie geangelt, obwohl es in seiner österreichischen Heimat genügend Bäche und Seen gab. Es war ihm schlichtweg zu langweilig gewesen. Das Foto jedoch, auf dem Heimdahl seinen Riesenfisch präsentierte, hatte ihn dazu veranlasst, es doch einmal zu versuchen. Und wenn er sich schon auf solch eine Unternehmung einließ, dann nur auf der ‚Elisabeth', dem betagten Kriegsfischkutter aus den Vierzigerjahren. Heimdahl hatte ihm die Tour zum Geburtstag geschenkt, bevor er es sich wieder anders überlegen konnte.

Neben ihnen hatten drei Männer verschiedenen Alters Stellung bezogen. Sie waren im Flecktarn-Look gekleidet und hatten einen großen Handwagen dabei, dessen Inhalt mit einer schwarzen Plastikfolie abgedeckt war. Martin Heimdahl begrüßte einen von ihnen mit einem Handschlag, sie redeten kurz miteinander, und nach einem „Petri Heil!" wandte sich Heimdahl wieder Paulus zu.

„Sven. Ich kenne ihn von früher", sagte er leise.

Er schaute noch einmal unauffällig zu den Männern hinüber und schüttelte den Kopf. „Wer hat den nur an Bord geprügelt? Ich höre ihn noch spotten über diese Idioten, die freiwillig in aller Herrgottsfrühe auf einem alten stinkenden Kutter rausfahren, nur um dann über die Reling zu kotzen."

Kurze Zeit später hatte die ‚Elisabeth' die lagunenartigen Gewässer der Halbinsel bereits hinter sich gelassen. Die Drei neben ihnen läuteten die erste Runde Bier ein. Zusammenstoßende Flaschen klirrten hell. Jemand ließ einen Flachmann rumgehen. Salingers Magen zog sich zusammen bei der Vorstellung, um diese frühe Stunde Bier zu trinken und dann noch einen Klaren nachzugießen.

Die Sonne stand bereits höher am Himmel, dessen Blau zusehends kräftiger wurde. Auch das Meer zeigte sich in seinen schönsten Farben. Überall tanzten kleine Wellenkämme, als würden sie mit weißer Farbe immer wieder neu auf das tiefdunkle Blau gekritzelt.

Als sie den Fehmarnbelt erreichten hatten, drosselte der Kapitän die Fahrt und gab durch ein Hupsignal an, dass sie das Fanggebiet erreicht hatten. Die Ersten warfen ihre Angeln aus, eine Viertelstunde später zog Heimdahl den ersten Dorsch aus dem Wasser. Es war ein mittelgroßer Kerl und Martin sagte, er würde ein prächtiges Abendessen abgeben.

Salingers Angelrute blieb in der Unterwasserwelt ohne jede Beachtung.

„Vielleicht liegt es an den Ködern“, sagte er irgendwann. „Hast du nicht noch andere dabei?“

„Versuch doch mal, den Pilker weiter nach oben zu ziehen, also bis fast an die Wasseroberfläche“, sagte Heimdahl und machte es ihm vor. „Vielleicht hast du damit mehr Glück.“

Paulus seufzte nur. Er war müde geworden. Außerdem begann sein Gesicht zu brennen. Er hatte vergessen, sich mit Sonnencreme einzureiben. Als eine halbe Stunde später immer noch nichts passiert war, verlor er die Geduld.

„Ich schau mal, ob ich andere Köder finden kann“, sagte er und holte seine Angel ein.

Die Drei mit dem Handwagen hatten sich schon vor einer Weile in Richtung Backbord verzogen. Sie wollten offenkundig unter sich sein. Salinger wollte sich gerade abwenden, als er ein Platschen vernahm, das vom Heck des Kutters zu kommen schien.

„Schweinswale!“ rief jemand.

Es dauerte nur Sekunden, da tauchten die Gesichter aller, die an Bord waren, über der Reling auf. Manche hatten die Kameras gezückt, andere suchten mit einem Fernglas das Meer ab. Auch Paulus und Martin waren ans Heck gelaufen, um nach diesen seltenen Meeressäu-

gern Ausschau zu halten. Dabei hatte Paulus beinahe den Handwagen umgerannt, den dieser Sven hinter sich herzog.

Salinger arbeitete sich zu dem Mann vor, der den Wal offenbar gesichtet hatte und versuchte, in dem Gedränge irgendetwas zu erkennen.

„Wo, sagen Sie, ist der Wal aufgetaucht?“

„Na hier, gleich unter mir.“ Der Mann beugte sich über die Reling. „Ganz kurz kam er hoch. Schwarz war er. Ganz glatt und glänzend.“

Er suchte noch eine Weile das Wasser ab, dann verlor er die Lust und begab sich wieder an seinen Angelplatz. Paulus Salinger blieb zurück und schaute auf das Wasser.

„Schweinswale schwimmen dicht unter der Wasseroberfläche und tauchen nur sehr selten auf“, hörte er plötzlich eine Stimme neben sich.

Woher der alte Mann mit dem Elbsegler auf dem Kopf und dem weißen Lincoln-Bart kam, der Paulus an Kapitän Ahab erinnerte, wusste er nicht. An Bord hatte war er ihm bisher gar nicht aufgefallen. Er war deutlich älter

als die anderen.

„Haben Sie schon mal einen Schweinswal hier draußen gesehen?“, frage Paulus.

„Ich bitte Sie!“, stieß der Mann beinahe empört hervor. „Das ist ein höchst seltenes Ereignis!“

Er fuhr sich mit Daumen und Zeigefinger seiner linken Hand über den sorgfältig getrimmten Bart. Paulus Salinger musterte ihn unauffällig. Die Augen des alten Mannes waren nicht auf das Wasser unmittelbar unter ihnen gerichtet, sondern in die Ferne. Er schien den Horizont abzusuchen, nach irgendetwas, das Salinger nicht sehen konnte.

Nach und nach nahmen die Passagiere ihre Plätze wieder ein. Einige an der Reling, andere bearbeiteten ihren Fang an den Filetiertischen. Auch Heimdahl war gerade dabei, sein Messer zu wetzen. Paulus beobachtete, wie es durch die Haut des Fisches glitt und das feste, weiße Fleisch sichtbar wurde.

„Ich habe eine Idee“, rief Heimdahl zu Paulus hinüber. „Wir rufen nachher beim ‚Weinigel’s-Fährhaus‘ an. Bertram hat sicher ein Rezept für uns. Wir besorgen uns die Zutaten und verwandeln den Freund hier in eine wunderbare Delikatesse.“ Er strahlte.

„Gute Idee!“, stimmte Paulus zu.

Käpt’n Ahab stand noch immer an derselben Stelle und auch Paulus ließ sich von der seltsamen Ruhe anste-

cken, die dieser Mann ausstrahlte. Lange schaute er auf das Wasser, das unter ihnen ganz schwarz aussah. Er stellte sich vor, wie die kleinen Wale, die eher Delfinen glichen, das Schiff begleiten würden. Vielleicht als ganze Schule.

„Schweinswale sind eher Einzelgänger, Schulen bilden sie nur während der Paarungszeit“, sagte Ahab plötzlich, als hätte er Paulus’ Gedanken gelesen.

Er schaute den alten Mann befremdet an. „Woher wissen Sie all die Dinge über die Wale?“

„Weil ich sie schon so oft gesehen habe.“

„Aber Sie haben doch gerade eben gesagt, Sie hätten noch nie ...“

„Ach ja“, unterbrach er Paulus mit einem Lächeln, „was man so sieht oder glaubt zu sehen. Verstehen Sie immer, was Sie sehen? Oder glauben gar daran?“

Paulus wollte gerade antworten, dass er zwar nicht immer alles verstehe, aber durchaus an das glaube, was er sähe, doch der Alte hatte sich bereits abgewandt.

„Hören Sie auf den Ruf der Wale. Und glauben Sie immer, was Sie sehen“, sagte er im Davongehen. „Auch wenn es nicht stimmt.“

Paulus Salinger sah ihm nach, diesem seltsamen Kauz, wie er sich da mit einer Hand an der Reling entlangarbeitete, denn der Wind hatte wohl schon vor einer Weile zugenommen, ohne dass er es bemerkt hatte. Der Kutter

schaukelte bedenklich und Paulus fühlte sich benommen im Kopf. Auch die Sonne war verschwunden, es war geradezu kalt geworden.

Er schüttelte den Kopf und sah zu Martin Heimdahl hinüber, der gerade die Filets in eine Tüte packte.

„Ich lege ihn auf Eis“, rief der und hielt die Tüte hoch. „Und dann lass uns was essen, ich bekomme langsam Hunger.“

Als sie vor ihrer Suppe saßen, musste Paulus Salinger immer noch an den sonderbaren Mann denken. „Hast du den Alten gesehen, der neben mir gestanden hat?“

„Wann?“

„Gerade eben, als du den Fisch ausgenommen hast.“

„Nein, ich habe niemanden gesehen“, entgegnete Heimdahl, während er ein Stück Baguette in die Suppe eintunkte.

„Aber du musst ihn gesehen haben, ich habe mich doch mit ihm unterhalten.“

„Dich habe ich ja auch gesehen, aber du hast mit dir selbst geredet, oder mit jemandem, der weiter weg stand.“

„Sag mal, willst du mich verarschen?“

„Nein“, lachte Martin Heimdahl, „warum sollte ich das tun? Ich sage doch nur, ich habe ihn nicht gesehen.“

Paulus Salinger beschloss, nicht weiter darüber zu reden. Er kam sich ausgesprochen blöd vor. Er würde gleich nach dem alten Mann suchen, dann wüsste er wenigstens, dass er nicht geträumt hatte. Er hatte jetzt Kopfschmerzen. Die Suppe war mittlerweile nicht mehr so heiß und er rührte lustlos darin herum.

Mit mir selbst geredet ... Die kleinen Buchstaben aus Nudeln lagen wie eine verschlüsselte Botschaft auf seinem Löffel. Ein D, ein O, ein G, ein R, ein M.

Ich führe keine Selbstgespräche. Er bewegte den Löffel hin und her. Das G fiel wieder in die Suppentasse zurück. Und auch wenn das R auf dem Kopf stand, lautete die Botschaft der Tütensuppe eindeutig MORD.

Paulus' Augen weiteten sich.

Heimdahl beobachtete ihn. „Was ist denn mit dir los? Hast du altes Pflaster in der Suppe?"

Paulus Salinger spitzte die Lippen und zeigte ihm den Löffel. Heimdahl begann zu lachen. „Dann an die Arbeit, Herr Kommissar. Ich hoffe, Sie haben Ihren Dienstausweis dabei."

Als sie wieder an Deck waren, fuhr die ‚Elisabeth' gerade in den Hafen ein. Die Angler hatten die Ausrüstung und ihren Fang zusammengepackt und standen wartend an Deck. Paulus Salinger konnte den alten Mann nicht mehr finden, deshalb suchte er den Kapitän auf.

„Haben Sie den alten Mann gesehen? Den mit dem weißen Bart und so einer Schifferkappe ...", er schnippte mit den Fingern, „Elbsegler, jetzt hab ich es wieder.

Haben Sie ihn irgendwo gesehen?“

Der Kapitän schüttelte den Kopf. Er schaute ein wenig misstrauisch. „Vermissen Sie jemanden?“

„Ja, ich kann ihn nicht mehr finden.“ Er hob hilflos die Schultern. „Haben Sie eine Passagierliste?“

„Ja, natürlich.“

„Können Sie mir sagen, wie viele Gäste an Bord sind?“

„Achtzehn.“

„Ja, dann ... Danke.“

Paulus Salinger zählte die Gäste durch. Dreimal. Immer wieder achtzehn.

Sven und seine Freunde waren die ersten, die den Kutter verließen. Trotz des guten Fangs, den sie gemacht hatten – Paulus hatte sie einen Dorsch nach dem anderen aus dem Fehmarnbelt fischen sehen – kam es ihm vor, als wäre der Handwagen leerer geworden.

Paulus Salinger hatte keinen einzigen Fisch gefangen.

Martin Heimdahl hatte alle Zutaten für das ‚Dorschfestival‘ besorgt, die ihm der Chef des Restaurants ‚Weinigel’s-Fährhaus‘, den er persönlich kannte, am Telefon durchgegeben hatte. Er setzte das letzte Filet mit den Gemüsestreifen behutsam auf das Gurkengemüse und umgoss das Ganze mit der Senfsauce. Paulus Salinger war derweil in den Keller gegangen, um einen passenden Wein auszusuchen.

„Ich habe hier einen Chablis und einen grauen Burgunder“, rief er, als er wieder oben war.

„Sind beide gut. Such dir einen aus.“

Heimdahl legte einen Dillzweig auf die fertig angerichteten Teller und trug sie fröhlich pfeifend zum Esstisch, der am großen Fenster des Wohnzimmers stand, das an der Strandseite lag. Sie hatten die Terrassentüren weit geöffnet und das Rauschen des Meeres erfüllte den lichtdurchfluteten Raum. Das Wetter hatte sich beruhigt, schon als sie wieder an Land waren. Die Wolken weiß wie die Gischt, Meer und Himmel in einem kräftigen Tiefblau.

Eine Weile aßen sie schweigend, rollten verzückt mit den Augen, die Weingläser klangen. Beide Männer hatten Farbe im Gesicht bekommen, Paulus' Haut brannte.

Er hatte die Sache mit dem alten Mann nicht mehr angesprochen. Die Passagierliste trug er in seiner Hosentasche.

„Warst du mit diesem Sven befreundet?“, fragte er und zog eine Kartoffel durch die köstliche Sauce.

Heimdahl zuckte mit den Schultern. „Wir besuchten dieselbe Schule. Er war ein Jahrgang über mir. Unsere Väter waren befreundet, beide arbeiteten am Institut für Meereswissenschaften in Kiel.“

Er trank einen Schluck Burgunder. „Leider hat Sven keinen einzigen der vielen guten Charakterzüge seines

Vaters geerbt, im Gegenteil. Eigentlich hat er ihm nur Kummer bereitet.“

„Wenn ich so darüber nachdenke, sympathisch fand ich den auch nicht“, sagte Paulus.

„Nein, du hast recht. Gesetze existieren für den nicht, er hat immer irgendwas am Laufen. Damals schon. Ich guck da lieber nicht so genau hin.“

Nach dem Essen öffnete Salinger den Chablis und ging, den Weinkelch in der Hand, im Wohnzimmer umher, um sich die vielen Fotos anzuschauen, die überall an den Wänden hingen. Ein Bild zeigte drei Männer, die nebeneinander an Deck eines Schiffes standen und in die Kamera lachten.

Paulus Salinger blieb beinahe das Herz stehen.

„Martin!“, rief er.

„Was ist denn?“ Heimdahl kam gerade aus der Küche.

„Wer ist das?“ Paulus zeigte auf den Mann in der Mitte, der einen Elbsegler auf dem Kopf trug.

„Das ist Svens Vater. Abraham Keller. Wir haben ihn immer Abraham Lincoln genannt, wegen seines Bartes. Er war Meeresbiologe, Walforscher.“ Paulus Salinger konnte nicht antworten. Walforscher ...

Der Ruf der Wale, schoss es ihm durch den Kopf.

„Was ist los? Kanntest du ihn?“

„Er war Meeresbiologe?“, fragte Paulus, ohne Heimdahl zu antworten.

„Er ist vor einem halben Jahr gestorben."

Paulus Salinger drehte sich ganz langsam zu seinem Freund, eine Hand tastete nach der Tasche seiner Jeans, in der die Passagierliste steckte.

Auch die zweite Nacht verbrachte Paulus Salinger am Graswarder. Das Wetter war wieder umgeschlagen, es war stürmisch, und er brauchte lange, bis er endlich Schlaf fand. Doch immer wieder wurde er von wirren Traumbildern aufgeschreckt. Der Wind bearbeitete die Holzbalken des Hauses, es ächzte, stöhnte und knarrte.

Einmal glaubte er, eine zierliche weibliche Gestalt gesehen zu haben, die in seinem Zimmer am Fenster stand. Sie musste geradewegs aus dem Meer gekommen sein, denn sie war nass und Wasser lief über den Boden bis hin zu seinem Bett. Fetzen einer schwarzen, glänzenden Folie hingen an ihr. Er stieß einen Schrei aus und wachte auf. Den Nachhall seines Schreis glaubte er noch gehört zu haben. Die Frau war verschwunden. Er stand auf und ging zum Fenster. Der Fußboden war trocken.

Paulus Salinger war wieder auf dem Weg nach Hause und starrte durch die Windschutzscheibe seines Volvos. Immer wieder tauchte Ahabs Gesicht wie ein Head-up-Display vor seinen Augen auf.

Glauben Sie immer, was Sie sehen!

Was hatte er denn gesehen? Diesen Sven. Den hatte er gesehen. Wie der immer wieder zu ihm und Heimdahl herübergesehen hatte. Den eigentlich viel zu großen Handwagen hatte er gesehen, von dem er anfangs dachte, er diene als Transportmittel für die Ausrüstung. Doch wenn er länger darüber nachdachte ... die hatten sie doch in den langen Taschen über den Schultern hängen. Und warum war ihm der Wagen später so leer vorgekommen? Glänzten die Rücken der Schweinswale nicht auch wie schwarze Plastikfolie?

Alles offene Fragen. Auch als er die Tür zu seinem Büro öffnete und die Aktenstapel auf dem Tisch liegen sah, wusste er, dass er die Sache nicht auf sich beruhen lassen würde. Mit den Dreien stimmte etwas nicht. Mit diesem Sven ...

Im Belt herrschten Triftströme vor. Er musste also herausfinden, wie der Wind vorgestern gestanden hatte. Gedankenverloren starrte er auf den roten Drehstuhl, der auf der anderen Schreibtischseite stand. *Mit mir selbst geredet ...* Ein Lächeln huschte über seinen Mund und in diesem Moment begann das Telefon zu klingeln. An der Nummer auf dem Display konnte er sehen, dass es Heimdahl war.

„Ahoi, das Wochenende ist vorbei, mein Lieber. Es gibt Arbeit."

„Eine Tote in einem Plastiksack", kam es aus Salinger

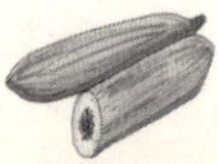

heraus, ohne dass er groß darüber nachgedacht hatte.

„Woher weißt du …?“

Gern hätte er noch einmal mit ihm geplaudert. Dieser feinfühlige Kommissar hatte alles, was er an seinem Sohn vermisst hatte. Immerhin hatte Paulus ihm ein Lächeln geschenkt, bevor er sein Büro verließ. Er fuhr sich mit Daumen und Zeigefinger über den weißen Bart und nickte zufrieden.

Der Drehstuhl an Salingers Schreibtisch drehte sich noch eine Weile leicht hin und her, bevor er wieder stillstand.

Dorschfestival

Gesottenes Angeldorschfilet auf Gartengurken und Senf-Dillsauce, feinen Gemüsestreifen und Salzkartoffeln

Zutaten für 4 Personen:

720 g Angeldorsch
je 80 g Karotten, Staudensellerie, Lauch und Schalotten
160 g Butter
60 ml trockener Weißwein, Meersalz, Pfeffer, Zucker
2 Gartengurken
1 EL Senf
80 g Schalottenwürfel

1 EL Zitronensaft
4 EL geschlagene Sahne
1 kg Kartoffeln
1 Bund Blattpetersilie
1 Bund Dill

Zubereitung:
Karotten, Lauch, Schalotten und Staudensellerie putzen, in feine gleichmäßige Streifen schneiden und nur kurz in Salzwasser blanchieren und ins Eiswasser geben. Blattpetersilie in Streifen schneiden. Kartoffeln schälen und in Salzwasser garen.
Den Angeldorsch filetieren, von der Haut ziehen und die Gräten entfernen. Aus den Gräten und Abschnitten des Dorsches den Fischsud zubereiten. 4 x 2 Stücke von je ca. 90 g schneiden, mit Meersalz würzen und in eine gebutterte Pfanne setzen, die Gemüsestreifen darauf verteilen, Fischsud, Fischfond und Weißwein angießen. Pfanne und Deckel schließen, bei kleiner Hitze ca. 12 Minuten auf dem Herd garen.
Gurken schälen und halbieren, entkernen und in Würfel schneiden. In etwas Butter mit den gewürfelten Schalotten anschwitzen und darauf achten, dass die Gemüsewürfel keine Farbe annehmen. Mit etwas Mehl bestäuben und ein wenig Fischsud aus der Dorschpfanne angießen und mit Biss garen.

Mit Salz, Zitrone, Pfeffer und Zucker abschmecken. Den daraus leicht gebundenen Fond in einen kleinen Topf abgießen, Senf dazugeben und mit den eiskalten Butterstücken aufmixen. Den geschnittenen Dill einrühren und die geschlagene Sahne zur Lockerung unterheben. Kartoffeln abgießen und dämpfen.

Anrichten:
Das Gurkengemüse in der Mitte des Tellers anrichten, Dorschfilet mit den Gemüsestreifen daraufsetzen und mit der Senfsauce umgießen. Die Kartoffeln anlegen und mit einem kleinen Dillzweig garnieren.

Name und Anschrift des Betriebes:
Weinigel's Fährhaus
Am Yachthafen 4b
23774 Heiligenhafen
Telefon: 04362-7636
www.weinigels-faehrhaus.de

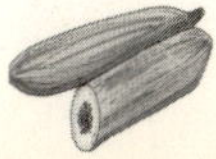

Spülküche

Dietlind Kreber

„Drei Mal die Nummer vier komplett, sieben Mal die neun. Aber schnell … bitte.“

Das Klappern der Töpfe und Pfannen übertönte fast die Worte des Küchenchefs. Jörgen Hahler hob den Kopf.

„Es dauert so lange, wie es dauert, Holger“, brummte er. „Soll ja auch schmecken.“

Er humpelte zu der Theke, auf der der Bestellzettel lag.

„Hast du wieder Probleme mit deinem Bein, Jörgen?“

Wieso ließ Holger ihn nicht einfach in Ruhe? Seit Jahren sorgte er dafür, dass der Laden hier reibungslos lief. Mit oder ohne Schmerzen. Darum musste der sich wirklich keine Sorgen machen.

„Sind die Rumpsteaks schon geliefert worden?“, fragte er.

„Alles schon im Kühlhaus, brauchst dir keine Gedanken zu machen.“

Jörgen schnaubte. „Ist ja mal was ganz Neues.“

Er ging zurück zu seiner Kochstelle und griff nach der Ölflasche. Wenig später tanzte das Fett in der Pfanne. Jörgen hob den Kopf und taxierte den neuen Kollegen, der auf der gegenüberliegenden Seite im Suppentopf rührte.

„Wirst du heute noch fertig, Tobias? Es ist drei Mal komplett bestellt worden, die Gäste warten auf deine Suppe."

„Alles perfekt, es kann gleich losgehen, Meister."

Jörgen beobachtete ihn dabei, wie er die Suppe in die vorgewärmten Teller füllte.

„Hm, die riecht aber gut." Die Küchenhilfe Kerstin, die von allen nur „Fee" genannt wurde, strahlte Tobias an.

„Danke." Sorgfältig streute er geschnittene Petersilie auf den Tellerrand.

„Noch einen Klacks Sauerrahm in die Mitte, Zitronengras darüber. Perfekt!" Zufrieden betrachtete er das Ergebnis.

„Das ist kein Kunstwerk, sondern eine Suppe. Und die dürfte bald kalt sein", schnaubte Jörgen.

Er würde sich wieder einen Rüffel einhandeln, wenn sich die Gäste beschwerten, nicht Tobias.

„Das Auge isst mit, Meister", hörte er Tobias sagen.

Er verlagerte das Gewicht auf das rechte Bein. Seitdem dieser Klugscheißer in seiner Küche war, gab es nur Ärger.

Der Küchenchef streckte den Kopf durch die Durchreiche. „Wo bleibt die Suppe?"

Tobias ließ sich nicht aus der Ruhe bringen und zupfte das Zitronengras in die für ihn richtige Position.

„Unser Picasso feilt noch an den Details", brummte

Jörgen.

„Dann hilf ihm und reich mir die Teller rüber."

Jörgen zog die Pfanne von der Platte. Mittlerweile hämmerte der Schmerz in seinem linken Bein.

„Tobias!", brüllte er.

„Immer mit der Ruhe, Meister." Flink trug Tobias die Teller zur Ausgabe.

„Das sieht wirklich toll aus", lobte ihn der Küchenchef. „Aus dir wird bestimmt noch was werden. Komm nachher mal in mein Büro ..."

So ein Scheißkerl! Jörgen wischte sich mit dem Handrücken über die schweißnasse Stirn. Bestimmt konnte er sich später wieder die Vorhaltungen anhören, wie unorganisiert es in der Küche zuging und dass die Wartezeit der Gäste erheblich verkürzt werden musste. Dann interessierte es Holger nicht, dass die Dekoration perfekt gewesen war. Am liebsten würde er alles hinschmeißen und woanders noch einmal von vorne anfangen.

„... auf meinem Schreibtisch liegen ein paar neue Fortbildungskurse. Vielleicht ist etwas für dich dabei." Holger klopfte dem jungen Koch anerkennend auf die Schulter und verschwand mit dem Essen.

„Wow!" Tobias hob den Daumen.

„Sieh zu, dass dein Gemüse fertig ist, wenn er zurückkommt. Sonst wird's nichts mit der Fortbildung."

Jörgen drehte das Steak auf die andere Seite. Wann

hatte man ihm zuletzt eine Schulung angeboten? Er konnte sich nicht daran erinnern.

Er machte seit einem viertel Jahrhundert einen guten Job und was war der Dank dafür? Der Neue wurde zu einer teuren Fortbildung geschickt, die für die Arbeit in der Großküche nichts bringen würde. Einen Grünschnabel, der noch nicht einmal bewiesen hatte, dass er das Geld wert war, das sie in ihn investieren wollten. Vergeblich investieren, denn er prahlte schon jetzt damit, dass er es einmal zum Sternekoch bringen würde.

Ha, der hatte doch gar nicht vor, in einer Großküche zu versauern. Rausgeschmissenes Geld war das.

Jörgen schnüffelte.

Er hatte das Steak vergessen. Jetzt war es ungenießbar und er musste noch einmal von vorne anfangen. Picasso war eine wirkliche Plage! So schnell es sein Bein zuließ, stürmte er zum Kühlhaus. Die neue Ware lag im Regal, aber natürlich hatte sich niemand darum gekümmert, die Steaks zu schneiden.

Er griff nach einem eingeschweißten Rinderstrang und warf ihn sich über die Schulter. Die Tür des Kühlhauses fiel mit einem lauten Knall ins Schloss. Ohne auf die Proteste der erschrockenen Kollegen zu achten, warf Jörgen das Fleisch auf die Küchenplatte.

Er griff nach dem Messer, das neben dem Schneidebrett lag. Schon beim ersten Schnitt wusste er, dass es

nicht sein eigenes Werkzeug war, das vor ein paar Minuten noch hier gelegen hatte. Für das Messerset, das er sich im letzten Jahr gekauft hatte, hatte er ein kleines Vermögen bezahlt, doch es war jeden Cent wert.

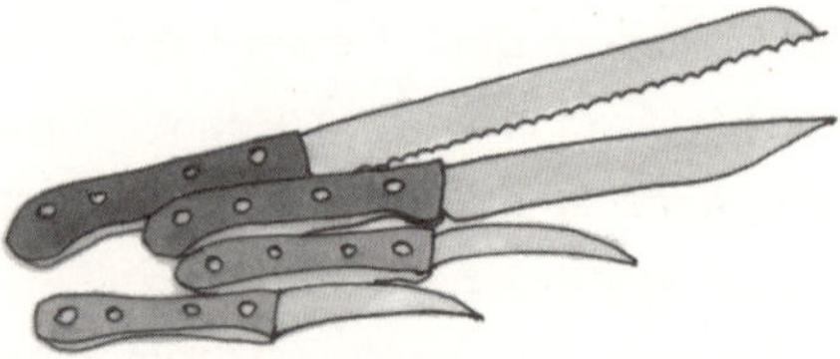

„Wer hat meine Messer geklaut?", brüllte Jörgen durch die Küche, obwohl er den Übeltäter zu kennen glaubte. „Picasso!?"

„Immer mit der Ruhe, Meister. Ich konnte mein Gemüsemesser nicht finden und habe mir deins ausgeliehen. Das ist wirklich Extraklasse."

Jörgen atmete tief durch. „Bring es sofort her!"

„Dauert nur noch ein paar Sekunden."

„Sofort! Und ich sage es nicht noch einmal."

Fee tauchte neben ihm auf. „Halt die Luft an, Jörgen, es kann niemand was für dein Bein. Tobias hat sich das Messer doch nur ausgeliehen, nicht gestohlen."

Da gab es keinen Unterschied! Niemand durfte die

Messer eines anderen Kollegen benutzen, das war ein ungeschriebenes Gesetz, an das sich alle hielten. Alle, bis auf einen. Jörgen wusste nicht, ob es ihn mehr ärgerte, dass seine Kollegen bei Tobias ein Auge zudrückten oder dass der junge Koch es nicht für nötig hielt, ihm das Messer sofort zurückzugeben.

„Wo bleibt die Vier? Und ich brauch auch noch ein Mal den ‚Lübschen Gockel'."

Jörgen schloss die Augen. Der hatte ihm gerade noch gefehlt.

„Was ist los, Jörgen? Wenn die Schmerzen so schlimm sind, solltest du zu Hause bleiben, dann kann ich mir wenigstens einen Aushilfskoch besorgen."

Bedauernd schüttelte Holger den Kopf. „Du weißt doch, wie es in einer Großküche läuft. Da müssen alle funktionieren."

„Fünf Minuten noch." Jörgen sparte sich eine Erklärung. Es war dem doch egal, wer die Schuld an der Misere trug. Sein Bein brauchte dringend eine Auszeit. Seitdem er sich vor zehn Jahren einen doppelten Unterschenkelbruch zugezogen hatte, setzte ihm das stundenlange Stehen in der Küche immer mehr zu. Wahrscheinlich hatte Holger recht und er sollte sich krankmelden. Warum tat er es eigentlich nicht?

Erschrocken zuckte er zusammen. Tobias hatte das Messer auf die Küchenplatte geworfen und lehnte sich

nun mit verschränkten Armen gegen den Tresen.

„Das ist wirklich Spitzenklasse. Was kostet denn so was?“

Jörgen trat ganz nah an ihn heran. „Wenn du noch einmal meine Messer benutzt, ramme ich dir eins zwischen die Rippen!“, flüsterte er und erschrak über seine eigenen Worte.

Tobias lachte. „Willst dir wohl die Konkurrenz vom Halse schaffen, was?“

Er schlug ihm auf die Schultern und ging immer noch lachend zurück zu seinem Platz.

Jörgen verließ kurz nach zweiundzwanzig Uhr den Umkleideraum. Sein Bus fuhr erst in einer halben Stunde. Obwohl er öffentliche Verkehrsmittel verabscheute, hatte er sich heute Morgen dazu durchgerungen.

Das Hämmern in seinem Bein war so unerträglich gewesen, dass er es durch eine Handvoll des starken Schmerzmittels betäuben musste, das ihm der Arzt für den Notfall verschrieben hatte. Heruntergespült hatte er die Tabletten mit einem gut gefüllten Glas Cognac. Zwei gute Gründe, den Wagen in der Garage zu lassen.

Am Ende des Ganges sah er, wie Tobias im Büro des Küchenchefs verschwand. Als er daran vorbeiging, bemerkte er, dass die Tür nur angelehnt war.

Sollte er …?

Jörgen zögerte. Es konnte ein Vorteil sein zu wissen, was die beiden dort drinnen ausheckten. Für alle Fälle. Um vorbereitet zu sein.

„... wir brauchen engagierte Mitarbeiter wie Sie, Tobias. Jörgen ist über sechzig und dazu sein kaputtes Bein ... Doch er ist jetzt schon so lange bei uns, dass wir ihn nicht vor die Tür setzen wollen“, hörte er Holger sagen.

Das Blut rauschte in seinen Ohren. Jörgen musste sich zwingen, nicht ins Büro zu stürzen.

„Sobald Sie eingearbeitet sind, übernehmen Sie seinen Job und kümmern sich darum, dass es in der Küche läuft.“

„Und Jörgen?“

„Er kann als zusätzliche Kraft in der Spülküche das Geschirr einräumen und bei Bedarf in der Patisserie aushelfen. Kein Vollzeitjob, aber zu tun gibt es immer was.“

„Ich finde es großartig, dass Sie so sozial denken.“

Wirklich großartig war das! Jörgen hatte genug gehört. Sozial denken? Sie wollten ihn die Drecksarbeit machen lassen! Spülküche und Patisserie. Er wusste nicht, was schlimmer war. Dreckiges Geschirr oder klebrige Kuchenmasse. Und das hatte er Tobias zu verdanken!

Die Treppe zum Parkhaus verschwamm vor seinen Augen. Umso deutlicher konnte er sich beim Bestücken

der Spülmaschine sehen.

In der Tiefgarage roch es nach Abgasen und Benzin. Ein Geruch, der ihn an die Zeit erinnerte, in der er jede freie Minute mit seinem Freund Tim an irgendeinem alten Wagen herumgeschraubt hatte. Das war vor der Sache mit seinem Bein gewesen und kam ihm wie eine Ewigkeit vor.

Nachdem er eine Zeitlang nach seinem Wagen gesucht hatte, fiel ihm ein, dass er mit dem Bus zur Arbeit gefahren war. Er musste sich beeilen, wenn er den letzten noch erreichen wollte.

Jörgen humpelte los und blieb mit dem Riemen seiner Tasche an einem Autospiegel hängen. Er stöhnte auf, als das Messerset, das er seit Tagen mit nach Hause schleppte, gegen das pochende Bein schlug.

Mechanisch rückte er den verbogenen Spiegel zurecht. Was für eine rostige, alte Karre, dachte er. Die hatte doch mindestens zwanzig Jahre auf dem Buckel. Plötzlich stockte er und betrachtete das Nummernschild.

OH-TW ... Es war der Wagen von Tobias Weihner.

Jörgen zögerte. Blickte dann von der Tasche zum Wagen. Er würde nicht mehr als zwei, drei Minuten benötigen, um ...

Spülküche, Patisserie, schoss es ihm durch den Kopf.

Er sah sich um. Zu dieser Zeit war die Gefahr, erwischt zu werden, sehr gering. Wie in Trance öffnete er seine

Tasche und holte das scharfe Fleischermesser heraus.

Wenn Picasso ein paar Tage ausfiel, würde der Chef froh sein, dass er jemanden hatte, auf den er sich verlassen konnte.

Er kroch unter den Wagen.

Jörgen zog sich an dem Haltegriff des Busses hoch und versuchte, die Stimme in seinem Kopf zu ignorieren. Seitdem er das Parkhaus verlassen hatte, plagte ihn sein Gewissen. Eine kleine Abreibung war das eine, doch wie würde er damit fertigwerden, wenn Tobias etwas Ernsthaftes passierte?

Der Motor des Busses brummte. Er sprang auf.

Spülküche. Patisserie.

Jörgen wollte seinen Job nicht aufgeben, er liebte es, am Herd zu stehen, auch wenn es Tage gab, die ihn an den Rand des Ertragbaren brachten. Kochen war eine Leidenschaft, die er niemals aufgeben würde. Sein Lebenselixier. Doch er würde mit fairen Mitteln um seinen Platz in der Küche kämpfen.

Was hatte er sich nur dabei gedacht, die Bremsleitungen durchzuschneiden?

Mit einem Ruck setzte sich der Bus in Bewegung.

„Anhalten!", rief Jörgen und stürzte nach vorne. „Halten Sie an, ich muss zurück."

Der Busfahrer sah ihn ärgerlich an. „Das hätten Sie

sich auch früher überlegen können“, brummte er, stoppte jedoch und öffnete die Tür.

Jörgen taumelte die Stufen hinunter und lief los. Langsam, dann immer schneller. Obwohl er sein Bein kaum noch spürte, begann er zu rennen, bog nach endlosen Minuten in die Trelleborgallee ein. Noch eine Kurve, dann hatte er die Einfahrt zur Tiefgarage erreicht. Er verdrängte den Gedanken, wie er Tobias das alles erklären sollte.

Scheinwerfer blendeten ihn. Das Motorengeräusch wurde lauter. Wenn der Fahrer nicht gleich auf die Bremse trat, war es zu spät.

Das erlösende Quietschen der Reifen blieb aus.

Spülküche.

Das war sein letzter Gedanke, bevor sein Körper auf dem Asphalt aufschlug.

Lübscher Gockel

Mastpoulardenbrust gefüllt mit Holsteiner Cox-Orange-Äpfeln und Zwetschgen auf glaciertem Lauchgemüse und kleinen Nusskartoffeln

Zutaten für 4 Personen:

880 g Mastpoulardenbrust
100 g Äpfel (Cox Orange)

100 g Zwetschgen
40 g Weißbrot
600 g Kartoffeln
100 g Butter
2 Eigelb
200 g Lauch
1 Karotte (ca. 50 g)
50 ml Weinbrand
½ EL Honig
80 g Zucker
½ Bund Thymian
Salz, Pfeffer, Muskat

Zubereitung:
Mastpoulardenbrust: In die Brust der Länge nach, vom dicken Ende angefangen, eine Tasche schneiden und die Füllung hineingeben, mit Salz und Pfeffer würzen und in der Pfanne mit etwas Öl anbraten. Anschließend auf ein Blech legen und bei 140 °C (Umluft) ca. 16 Minuten garen
Füllung: Äpfel und Zwetschgen in Würfel schneiden und mit etwas Zucker, Thymian und dem Weinbrand marinieren, Weißbrot ebenfalls in Würfel schneiden. Marinierte Äpfel und Zwetschgen auf einem Sieb abtropfen lassen und danach mit Weißbrot, Honig und dem Ei vermengen. Den Fond zur Seite stellen.

Lauchgemüse: Lauch halbieren, waschen und in ca. 1 cm dicke Streifen schneiden. In einer Stielpfanne die Hälfte der Butter zum Schmelzen bringen (nicht braun werden lassen) und etwas Zucker hinzugeben. Den Lauch hinzugeben, mehrmals schwenken und mit dem Fond aus Äpfeln und Zwiebeln ablöschen. Mit etwas Salz abschmecken und ca. 1-2 Minuten im Fond kochen lassen.
Nusskartoffeln: Kleine festkochende Kartoffeln schälen und in Salzwasser kochen. Anschließend in einer Stielpfanne mit brauner Butter schwenken und mit Muskat leicht würzen.
Dekoration: Karotte waschen und schälen, in ca. 6 cm lange Stücke schneiden und danach der Länge nach in 2 mm dicke Scheiben schneiden. Aus den Scheiben feine Karottenstreifen schneiden, mit etwas Mehl bestäuben und in der Friteuse kross backen. Auf einem Küchentuch abtropfen lassen und etwas salzen.

Anrichten:

Das Lauchgemüse in der Mitte des Tellers platzieren. 5 kleine Nusskartoffeln im Kreis um das Lauchgemüse herum anrichten. Zwischen den Kartoffeln den Fond aus dem Lauchgemüse geben. Die Mastpoulardenbrust in 4 Tranchen schneiden und auf das Gemüse setzen. Mit dem gebackenen Karottenstroh und einem Zweig Thymian garnieren.

Name und Anschrift des Betriebes:

Maritim Strandhotel
Trelleborgallee 2
23570 Lübeck-Travemünde
Telefon: 04502-89-0
www.maritim.de

Tacheles mit Matschiss

Ute Haese

„Maria laach im Maa-re, ganz still und stumm. Sie ... öhm ... sie ...“ Der helle Mädchensopran kippte, ging in einen misstönenden Brummton über und verstummte dann schlagartig.

Charlotte hatte die Frau eigentlich ganz gern gemocht; jedenfalls lieber als all die Menschen, die sie sonst noch kannte. Ihre alte wie auch die neue Clique konnte man sowieso vergessen, und Mama hatte ja jetzt Winfried und Nele, mit denen sie vor einem Jahr von Köln in das Mayener Haus gezogen war. Charlotte hatten sie damals zwar mitgenommen, doch dann hatte Mama ihr eines Abends gesagt – sie wohnten erst einen Monat und drei Tage alle zusammen in dem beschaulichen Eifelstädtchen –, dass sie nun nicht mehr mit ihr fertig würde.

Sie wachse ihr über den Kopf, hatte sie ihr erklärt, und Charlotte hatte es nicht verstanden. Sicher, sie war nicht nur nett und lieb, das war ihr schon klar. Sie ließ sich nämlich nichts gefallen und prügelte sich zur Not auch mal, und manchmal, na ja, da ließ sie schon etwas mitgehen, was ihr nicht so direkt gehörte. Aber das waren doch alles nur Kinkerlitzchen.

Sie war eben keines dieser kreuzbraven Mädchen mit Seitenscheitel, die immer pünktlich nach Hause kamen und sowieso nichts lieber taten, als ihre kleineren Geschwister zu bespielen und zu bespaßen. Sie färbte ihre Haare orange-rot, na und? Deshalb war man doch nicht automatisch ein schlechter Mensch!

Trotzdem hatte Mama Horst – sie hatte ihren leiblichen Vater nie anders genannt – noch am selben Abend angerufen und ihn angefleht, endlich „das Kind" zu sich nach Füssen zu holen. Es sei schließlich auch seines. Und sie habe ihren Teil ja wohl getan. Aber Horst wollte nicht. So ein Chaos-Kid könne er Barbara nicht zumuten, hatte er gesagt. Barbara war seine zweite Frau und sehr empfindsam, seit sie die Zwillinge mit ihm hatte. Mama war tierisch sauer gewesen.

All das hatte Charlotte mitbekommen, weil sie ungeniert gelauscht und Mama die Freisprechanlage eingeschaltet hatte, damit Winfried mithören konnte. Nele hatte bereits geschlafen. Und dann war von Winfried der Vorschlag gekommen, sie zu alten Studienfreunden nach Fehmarn in eine Wohngemeinschaft für „Problemkinder" zu geben.

Vielleicht machten Knud und Maria ja aus ihr noch einen „anständigen Menschen", hatte ihr Stiefvater gesagt. Sie hatte nicht gewusst, was das eigentlich genau hieß, aber Mama war gleich hellauf begeistert gewesen und hatte sofort wieder Horst angerufen. Der war noch begeisterter gewesen und hatte dem Plan auf der Stelle zugestimmt.

Also hatten sie ihr schon in der nächsten Woche ein Zugticket gekauft und sie mit zwei Koffern und einem Rucksack nach Burgstaaken zu Knud und Maria geschickt. Offiziell hieß es, die Luft am Meer sei ja so ungemein wohltuend. Die sei nicht nur gut für den Teint, sondern schlicht und ergreifend die Gesundheit pur, und das sei besonders für einen jungen Menschen wie sie, der sich noch im Wachstum befände, überaus wichtig. Außerdem könne sie in einer der sonnenreichsten Gegenden Deutschlands bestimmt jeden Tag am Strand faulenzen, im Sund schwimmen gehen oder auf dem Burger Binnensee segeln lernen.

Das habe sie sich doch schon immer gewünscht, hatte Mama gesagt und sie dabei mit großen Augen angesehen. Was stimmte, wie Charlotte zugeben musste. Aber das war auch das Einzige. Denn es stimmte einfach nicht, dass ihr die Ruhe und Beschaulichkeit einer Insel guttäten.

Mit vierzehneinhalb?

Charlotte wusste es besser. Sie schoben sie ab, entsorgten sie ans Ende der Welt, wo sich Fischbrötchen und Räucheraal Gute Nacht sagten und sogar die Nachfahren der Wikinger in den Restaurants und Geschäften – „Hjertelig velkommen!“ – in ihrer Heimatsprache begrüßt wurden. Und niemand, aber wirklich niemand hatte sie auf den ewigen Wind vorbereitet.

Sie fror, wenn ein eisiger Nordost über die Insel fegte und die Fehmarnsundbrücke wieder einmal für Wohn-

wagengespanne gesperrt war. Sie fror, wenn Böen aus dem Westen über Land und Meer peitschten, die Bäume knickten und das Wasser landabwärts vor sich hertrieben wie eine willenlose Viehherde. Sie fror sogar im Sommer, wenn abends, sobald die Sonne untergegangen war, die Feuchtigkeit überall schlagartig zunahm, alles benetzte und klamm werden ließ. Sie fror eigentlich immer.

Besuch bekam sie selten, ja fast nie. Im letzten Frühjahr war Mama einmal für zwei Tage angereist, allein, ohne Winfried und Nele. Charlotte hatte sich mächtig gefreut, und sie hatten sich Räder geliehen, waren über Burg, wo Mama ihr in der Breiten Straße ein T-Shirt gekauft hatte, über Niendorf und Bannesdorf nach Puttgarden geradelt, um sich dort die Fähren anzusehen, die die Leute und ihre Autos nach Dänemark brachten. Am Südstrand auf der Halbinsel Burgtiefe waren sie schwimmen gewesen, hatten dort anschließend ein Eis gegessen und dabei wohlig in der Sonne gedöst. Einmal hatte Mama sogar „Lottchen“ zu ihr gesagt. Wie früher, als sie noch klein gewesen war – nur war Mama damals dabei nicht rot geworden.

Abends waren sie essen gegangen. Mama hatte sie gefragt, ob sie als Beinahe-Fehmarnerin etwas Besonderes empfehlen könne. Wie aus der Pistole geschossen hatte Charlotte daraufhin vorgeschlagen, zum Wulfener Hals zu fahren. Denn dort habe sie ganz am Anfang ihrer Zeit auf Fehmarn mit Maria einen „Ostseegarten“ gegessen.

Was sich denn dahinter verberge, hatte Mama sich amüsiert erkundigt. Charlotte wusste es noch genau; sie hatte es sich extra von einem geduldigen Kellner aufdröseln lassen, weil sie sich damals schon für den Beruf der Köchin interessierte. Also hatte sie Mama mit leuchtenden Augen erklärt, dass man sich darunter ein Dorschfilet vorzustellen habe, das unter einer Tomatenkruste schlummere. Dazu würden „tournierte“ Möhren und Kartoffeln serviert, was bedeute, hatte sie voller Stolz ihr Fachwissen ausgebreitet, dass die kunstvoll mit einem

Spezialmesser zugeschnitten worden seien. Doch ihr persönlicher Clou sei eindeutig die dazu gereichte grüne Paprika-Vanillesoße gewesen!

„Ach nein“, hatte Mama jedoch mitten in ihre Erläuterungen hinein mehrmals geseufzt und dabei dieses leicht angesäuerte Gesicht gemacht, das Charlotte so hasste, weil es ihr zeigte, dass sie schon wieder etwas falsch gemacht hatte, „mir ist mehr nach Matjes.“ Das sei handfester. Ob es den da wohl auch gäbe?

„Bestimmt“, hatte sie eifrig versichert, obwohl sie von dieser Reaktion doch ein bisschen enttäuscht gewesen war, „Matschiss haben die hier alle.“ Das sei schließlich nichts Besonderes an der Küste.

„Mat-jes, Charlotte, Mat-jes wird der Fisch ausgesprochen“, hatte Mama daraufhin sehr betont gesagt, um kopfschüttelnd hinzuzufügen: „Nur weil du nun hier oben wohnst, musst du doch noch lange nicht wie eine Eingeborene sprechen.“

Sie hatte herzhaft über ihren ach so witzig verpackten Tadel gelacht und sich auch noch am zweiten und letzten Tag ihres Besuchs immer wieder an dem Matschiss hochgezogen. Charlotte nahm es gleichmütig hin, denn viel mehr schmerzte sie die Vorstellung, dass Mama es zu Hause sicherlich sofort Winfried erzählen würde: „Stell dir vor … hahaha … die Charlotte sagt schon Matschiss statt Matjes! Ist das nicht toll? Daran sieht man doch, wie wohl sie sich auf der Insel fühlt und dass es geradezu eine Schande wäre, das Mädchen aus der vertrauten Umgebung herauszureißen, um es wieder nach Haus zu holen."

Nach diesem Besuch war lange Zeit niemand mehr gekommen. Sie riefen zwar regelmäßig immer sonntags gegen vierzehn Uhr an, aber sie kamen nicht. Immer hatten sie so viel zu tun, dass es einfach nicht passte. Aber wie er gehört habe, fühle sich seine Älteste „am Polarkreis" ja so richtig wohl, meinte Horst stets und lachte dabei dröhnend in den Hörer.

Da mache es ihr bestimmt nicht allzu viel aus, wenn man sie in Ruhe ließe, gell? Er erinnere sich jedenfalls noch genau: In Charlottes Alter stehe man nun wirklich nicht gerade auf Eltern. Da sei man froh, wenn man sie lediglich von hinten sähe. Er kapiere das sehr wohl und sei keinesfalls böse. Aber sie würden sie in den nächsten Ferien holen. Versprochen.

Erst sagte Horst ab – Barbara sei überraschend krank geworden und deshalb schon mit den Zwillingen völlig überfordert, und er selbst könne leider keinen Urlaub nehmen, sorry, mein Mädchen! Eine halbe Stunde später rief Mama an. Nele würde in den Ferien lieber zu Oma und Opa nach Ahrweiler fahren. Und mit Winfried und ihr allein sei es für Charlotte doch nur öde in Mayen. Sie hätten deshalb beschlossen, die vierzehn Tage in Italien zu verbringen, um vor dem langen Winter noch einen Rest Sonne zu tanken. Fast erwachsen, wie Charlottchen mittlerweile sei, verstehe sie das doch sicher, oder?

Sie hatte wortlos den Hörer aufgeknallt. Horst war ihr ja schon lange egal gewesen, aber Mama ...

Maria hatte ihr enttäuschtes Gesicht nach dem Telefongespräch gesehen und war ihr besorgt hinunter zum Fischereihafen gefolgt. Charlotte mochte sie wirklich. Sie war der einzige Mensch auf dieser Welt, der verstand, dass sie sich manchmal fühlte wie eine durchgelatschte dreckige Socke, die niemand, aber wirklich niemand mehr haben wollte; der einzige, der nicht pausenlos an ihr herummeckerte, weil sie zu laut, zu wild, zu aufsässig oder zu faul war. Und sie war auch die einzige, die sie anfangs nie wegen ihres Sprachmischmasches aus Kölner und Eifeler Dialekt aufgezogen hatte oder sie jetzt – wie Mama – wegen ihrer norddeutschen Aussprache tadelte. Bis heute.

Unten am Maul des Steine-Wals hatte Maria sie eingeholt und ihr vorgeschlagen, gemeinsam ein bisschen segeln zu gehen. Knud habe sicherlich nichts dagegen, wenn sie sein Boot benutzten, sofern sie den Binnensee nicht verließen. Charlotte hatte nur zögernd eingewilligt, aber langsam verflüchtigten sich die Verzweiflung und ihre schlechte Laune tatsächlich und machten einem fast heiteren Gefühl Platz.

Die Sonne schien, und der Wind war beinahe warm und umschmeichelte ihr Gesicht. Charlotte war Maria dankbar. Und genau das hatte sie ihr sagen wollen, als sie höflich auf der Höhe der Kohlhofinsel bemerkte, dass dies doch – trotz allem – ein „schöner Nachmittach" sei.

„Nachmitta-g heißt es richtig, Charlotte", korrigierte Maria sie zerstreut, während sie sich mit geschlossenen Augen sonnte, „mit ‚g' am Ende, nicht mit ‚ch'. Tach sagt man hier zwar, aber es ist eigentlich falsch. Ta-g."

Irgendetwas war in diesem Moment mit ihr passiert. Sie wusste nicht genau, was es war, doch sie sah sich in dem schwankenden Boot aufstehen und Maria, die sich mittlerweile aufgesetzt hatte, um die Großschot zu richten, einen Stoß versetzen. Es war nicht einmal ein heftiger Stoß gewesen, sondern eher ein leichter Puff. Maria konnte nicht schwimmen, doch das war ihr Pech, nicht wahr? Wenn man an der Küste lebte, musste man doch schwimmen können! Das war doch allemal wichtiger, als Tag mit „g" sagen zu können, oder?

Scheu beäugte Charlotte den entschwindenden Körper. Von Weitem wirkte das rote Kleid unter der dunklen, von den Wellen gekräuselten Wasseroberfläche regelrecht knallig. Es sah tatsächlich ein bisschen so aus, als dümpelte ein Riesenbonbon davon.

Sie gluckste, griff nach der Pinne und manövrierte vorsichtig ein Stück näher heran. Nein, das mit dem Riesenbonbon war Quatsch. Jetzt drängte sich ihr ein ganz anderer Vergleich auf. Und der war besser: Mit ihren ausgebreiteten Armen sah Maria aus wie Jesus, den man mitsamt seinem Kreuz umgesägt hatte. Das traf es total und war auch gut so. Denn ihr Gesicht mochte sie besser nicht sehen. Da würde ihr todsicher schlecht werden.

Charlotte ließ die Pinne los und holte tief Luft: „Maria laach im Mee-re, ganz still und stumm."

Sie lachte hell auf und fuhr mit hoher Kinderstimme fort: „Sie ging mir auf die Ner-ven, da brachte ich sie um. Tralalalalalalaaa. Tralalalalalalaa ..."

Ostseegarten

Dorschfilet unter einer Tomatenkruste mit tournierten Möhren und Kartoffeln an einer grünen Paprika-Vanillesauce

Zutaten für 4 Personen:

720 g Dorschfilet
480 g Kartoffeln
320 g grüne Paprika
1 Vanilleschote
320 ml Sahne
Salz, Pfeffer
Für die Tomatenkruste:

200 g Butter
200 g eingelegte Tomaten
4 TL Tomatenmark
2 TL Thymianblättchen
200 g Weißbrotbrösel, frisch gerieben

Zubereitung:
Fischfilet und Beilagen: Dorschfilet von den Gräten befreien und in zwölf Stücke à 60 g schneiden. Kartoffeln und Gemüse waschen und putzen. Die Dorschfilets mit der Tomatenkruste (s. u.) belegen und im vorgeheizten Ofen bei 180 °C Umluft garen. Währenddessen werden die Kartoffeln und Karotten gegart. Mit einem Tourniermesser in Form schneiden.
Paprika-Vanillesauce: Paprika in kleine Würfel schneiden und im Topf anschwitzen. Dann mit Sahne ablöschen und mit dem Stabmixer pürieren. Das Mark einer Vanilleschote unter die Sauce geben. Mit Salz und Pfeffer abschmecken.
Tomatenkruste: Die Butter mit Salz schaumig schlagen und mit Tomatenmark, Thymianblättchen und Pfeffer abschmecken. Tomaten in Würfel schneiden und unterheben. Zum Schluss die Weißbrotbrösel zugeben, die Masse auf Backpapier dünn ausstreichen und kalt stellen, bis sie fest ist. Im festen Zustand in Stücke schneiden und diese auf die Fischfilets geben.

Anrichten:

Die Paprikasauce in die Tellermitte geben. Die drei Fischstücke in gleichen Abständen darüber verteilen. Möhren und Kartoffeln dazwischen anrichten.

Name und Anschrift des Betriebes:

Camping- und Ferienpark Wulfener Hals
Restaurant Seeblick
Wulfener-Hals-Weg 1
23769 Fehmarn
Telefon: 04371-86280

Ein Antrag mit Überraschungen

Angelika Waitschies

Hätte Thorsten Winkler gewusst, welchen Verlauf der Abend nehmen würde, wäre er mit Anna in ihrem gemütlichen Zuhause in Dahme geblieben. In Ermangelung eigener Kochkünste hätte er das Essen bei einem Lieferservice bestellt, diesmal allerdings nicht bei „Sammys Pizza“. Er hätte einen hochpreisigen Caterer ausgesucht, denn etwas anderes wäre dem besonderen Anlass nicht angemessen gewesen. Wenn man endlich alle Ängste und Zweifel überwunden, alle Unsicherheiten und jedes Zögern besiegt hatte und der Frau seines Herzens den lang überfälligen Heiratsantrag machen wollte, konnte man dies unmöglich bei Pizza und Bier tun.

Da es Thorsten aber an hellseherischen Fähigkeiten mangelte, stellte er diese Überlegungen nur am Rande an und kam dann zu dem Ergebnis, dass ein besonderer Anlass auch einen außergewöhnlichen Rahmen verdiente. „Fine & Dine“ im „Blöser“, Annas Lieblingsrestaurant an der Promenade von Dahme, mit herrlichem Blick auf die von ihnen so geliebte Ostsee.

Allerdings widerstrebte es Thorsten zutiefst, den Abend in Gesellschaft von anderen Gästen zu verbringen, die ihn womöglich bei seinem seit Wochen vor dem Badezimmerspiegel geübten Antrag aus dem Konzept bringen würden. Deshalb mietete er kurzerhand gleich den ganzen Raum an.

Was er plante, hatte er natürlich nicht verraten. Anna ging davon aus, dass es sich um eine normale Essenseinladung handelte und freute sich sehr. Vor einer Stunde hatte sie angerufen, dass sie direkt ins Restaurant kommen würde, da ihre Arbeit in einer Bank in Neustadt sie heute leider etwas länger festhielte.

Trotzdem hatte Thorsten sich auf den Weg gemacht und stand jetzt in dem festlich geschmückten Raum, den die Abendsonne in ein glutrotes Licht tauchte. Er war froh, dass er noch etwas Zeit hatte, denn so konnte er sich noch einmal vergewissern, ob auch alles perfekt vorbereitet war. Das war es, und so setzte er sich an den mit unzähligen Rosenblättern geschmückten Tisch und zog die kleine Schmuckschatulle aus schwarzem Samt aus der Hosentasche. Als er sie öffnete und den darin enthaltenen schmalen Goldreif betrachtete, überzog für einen kurzen Moment ein Ausdruck der Enttäuschung sein Gesicht.

Hatte es an der raffinierten Beleuchtung im Juweliergeschäft gelegen, dass ihm der Ring dort so viel eindrucksvoller erschienen war? Jetzt konnte er nicht einmal mehr die Diamanten darauf entdecken. Gut, „Diamanten“ war vielleicht etwas zu hoch gegriffen, das Wort „Splitter“ wäre angebrachter gewesen. Aber einen

Einkaräter ließ sein schmales Gehalt als Polizeiobermeister nun einmal nicht zu. Zusammen mit der Feier gingen sowieso schon zwei Monatsgehälter drauf.

Das Öffnen der Tür riss Thorsten aus seinen Gedanken. Er schaute auf und erblickte Giuseppe. Der Eigentümer des Restaurants hatte ihm den neuen italienischen Kellner bei seiner Ankunft vorgestellt, mit dem Hinweis, dass er an diesem Abend nur für ihn und seine Begleitung zuständig sei.

„Alles in Ordnung?“, fragte Giuseppe, nachdem er an den Tisch herangetreten war.

Thorsten spürte, wie die Aufregung seinen Hals ganz trocken werden ließ. „Ja, danke. Alles in Ordnung.“

Am liebsten hätte er schon jetzt ein Glas Wein bestellt, um sich Mut anzutrinken, aber er wusste, dass er nicht viel Alkohol vertrug und wollte nicht riskieren, dass er seinen Antrag womöglich lallend vorbrachte.

Giuseppe nickte und zwinkerte Thorsten kurz zu. „Sie wird dahinschmelzen, glauben Sie es mir. Wenn es um romantische Abende zu zweit geht, sind die Frauen alle gleich. Ich habe da so meine Erfahrungen.“

Jetzt grinste Giuseppe über das ganze Gesicht und deutete eine kleine Verbeugung an, bevor er den Raum wieder verließ.

Zwei Stunden später lag der italienische Frauenkenner in seltsam verdrehter Haltung auf dem glänzenden Parkettboden. Um ihn herum breitete sich eine immer größer werdende Blutlache aus, die nicht nur den Boden verunzierte, sondern auch dem „Gespickten Tafelspitz", der mit Giuseppe im Augenblick seines Todes zu Boden ging, eine so nicht vom Koch geplante Note verlieh. Im Abschlussbericht des Gerichtsmediziners würde das Wort „Hinrichtung" stehen, was angesichts der Tatsache, dass Giuseppes Körper von fünfzehn Kugeln durchsiebt war, durchaus seine Berechtigung hatte.

Thorsten konnte noch immer nicht fassen, was geschehen war.

Er hatte seinen Antrag gerade zur Hälfte hinter sich gebracht, als ihm zum ersten Mal die lauten Stimmen aus dem Nebenraum auffielen. Thorsten drängte sie an den Rand seiner Wahrnehmung, in dem Bemühen, sich durch nichts und niemanden ablenken zu lassen. Eilends sprach er weiter und schaffte es schließlich, seine mühsam einstudierte Rede ohne größeres Stocken zu Ende zu bringen.

Wie Giuseppe vorausgesagt hatte, schmolz Anna dahin. „Ich will", hauchte sie mit Tränen in den Augen, so als stünden sie bereits vor dem Altar. Sie besiegelten ihre Verlobung mit einem langen Kuss.

„Ich sage dem Kellner, dass er uns den nächsten Gang bringen kann", sagte Thorsten mit belegter Stimme und erhob sich. Im selben Moment ging die Tür auf und Giuseppe betrat mit einem großen Tablett den Raum. Während Thorsten noch darüber nachsann, ob der Mann über telepathische Fähigkeiten verfügte, erblickte er die beiden Männer, die dem Kellner auf dem Fuße folgten.

„Giuseppe“, rief einer von ihnen mit hassverzerrter Stimme.

Mit einem wütenden Gesichtsausdruck drehte der Genannte sich um. „Verschwinde endlich“, zischte er. „Karina will nichts mehr von dir wissen, sie gehört jetzt zu mir.“

Die Schüsse fielen, bevor irgendjemand Zeit hatte zu reagieren. Thorsten sah nicht einmal, dass der Mann eine Waffe zog. Giuseppe und das Tablett fielen zu Boden, wobei Letzteres wesentlich mehr Lärm verursachte. „Ahhhhhh!“

Thorsten zuckte zusammen, als Annas Schrei durch den Raum gellte. Voller Schreck blickte er auf seine leichenblasse Verlobte und dann auf die Szenerie vor seinen Augen und hatte dabei immer mehr das Gefühl, sich in einem schlechten Film zu befinden. Erst recht, als die beiden Männer Skimasken aus ihren Hosentaschen zogen und sich diese hastig über die Köpfe stülpten.

Eindeutig keine Profis, konstatierte Thorsten und beobachtete, wie einer der Männer das übrige Personal und die anderen Gäste aus dem Nebenraum zusammentrieb und sie mit vorgehaltener Waffe zwang, an den freien Tischen Platz zu nehmen. Da niemand auf ihn achtete, zog er vorsichtig sein Handy aus der Tasche und tippte eine SMS an das Diensthandy von Lena Baumgarten ein. Er kannte die Kriminalkommissarin aus Neustadt von einer Schulung, die sie vor drei Monaten in seiner Polizeistation in Grube gegeben hatte.

Lena war neununddreißig, also zehn Jahre älter als Thorsten, und hatte ihm sehr imponiert. Aus der Bekanntschaft war eine lose Freundschaft geworden, und so hatte Thorsten erfahren, dass Lena in ihrer Freizeit eine begeisterte Laienschauspielerin in der kleinen Amateurtruppe in Neustadt war. Bei einem Telefonat am heutigen Nachmittag hatte sie ihm erzählt, dass sie am Abend ein neues Stück proben würden, in dem sie eine alte Dame mit weißen Kringellöckchen darstellte.

Beim Absenden der SMS markierte Thorsten einen Hustenanfall, damit niemand den melodischen Signalton hörte. Dann schickte er ein Stoßgebet zum Himmel, dass Lena ihr Handy dabeihatte, und nickte Anna, die Gott sei

Dank nicht mehr schrie, aufmunternd zu.

„Spiel bloß nicht den Helden“, raunte sie ihm über den Tisch hinweg zu.

Das hatte Thorsten auch nicht vor, aber wenigstens wollte er seine auf der Polizeischule erworbenen und durch Lenas Schulung vertieften psychologischen Kenntnisse endlich einmal anwenden. Als allerdings auch sein dritter Versuch, die Geiselnehmer zur Aufgabe zu bewegen, mit einem kurzen „Halt die Schnauze, du Wichser!“ beschieden wurde, begriff Thorsten, dass er noch eine Menge zu lernen hatte, wollte er jemals nach höheren Weihen greifen.

Als der Maskierte die Tür wieder schloss, zählte Thorsten kurz durch und sah, dass sich außer Anna und ihm fünfzehn Menschen im Raum befanden. Mit schreckensbleichen Gesichtern saßen sie auf ihren Stühlen und wirkten vollkommen verstört. Allerdings machten auch die beiden Geiselnehmer keinen besonders souveränen Eindruck, und Thorsten hoffte inständig, dass sie nicht die Nerven verlieren und durchdrehen würden.

Die nächste halbe Stunde verging mit immer erregteren Diskussionen der beiden Männer, was jetzt zu tun sei, gefolgt von gegenseitigen Schuldzuweisungen. Während Thorsten noch überlegte, wie schnell Lena mit Verstärkung hier sein könnte, sollte sie seine Nachricht überhaupt abrufen, sah er, wie sich die Tür öffnete. Als er das faltige Gesicht einer alten Dame erblickte, das von einem Kranz weißer Löckchen umgeben war, seufzte er vor Erleichterung auf.

Wenn sie das hier heil überstanden, würde er Lena einen großen Strauß Blumen schicken. Diese Frau war wirklich unglaublich, sie hatte ja nicht einmal ihr Kostüm ausgezogen!

„Das ist aber eine nette Überraschung“, sagte die alte Dame, die den Raum mittlerweile betreten hatte und mit einem verzückten Ausdruck in den Augen zu dem Toten am Boden getreten war. „Ich wusste ja gar nicht, dass Sie auch einen Dinner-Krimi in Ihrem Programm haben.“

Mit einem leichten Stöhnen setzte sie sich an den Tisch, neben dem Giuseppe lag, und stützte sich mit beiden Händen auf ihrem Stock ab. „Ich bin einmal mit einer Freundin bei so einem Dinner gewesen. Das war in Travemünde, im ...“

Die alte Dame tippte sich mehrmals an die Stirn, als könne diese Geste ihr Erinnerungsvermögen auf Trab bringen. „Das war im Restaurant ...“, schließlich gab sie auf und winkte kurz ab, „ist ja egal. Den Titel werde ich allerdings nie vergessen, Mord auf dem Traumschiff. Das fand ich so spannend, weil ich gerade einige Monate zuvor eine Kreuzfahrt gemacht hatte.“

Verschmitzt zwinkerte sie den beiden Maskierten zu, die in eine Art Schockstarre gefallen waren. „Meiner

Freundin hat es allerdings überhaupt nicht gefallen, die kriegt nämlich immer so einen Schreck, wenn diese Platzpatronen knallen. Und geballert wurde da ziemlich, das kann ich Ihnen sagen."

Ihr Gesicht nahm einen geradezu begeisterten Ausdruck an. „Ich persönlich kann gar nicht genug davon kriegen. Ich gucke jeden Krimi im Fernsehen, und wenn die erst spät in der Nacht kommen, zeichne ich sie auf. Mein Enkel hat mir extra einen von diesen neumodischen Rekordern gekauft."

Ächzend stand sie auf und trat ganz nah an den Toten heran. Vorsichtig tippte sie mit ihrem Stock gegen seinen Rücken. „Sie liegen etwas ungünstig, junger Mann. Ich würde mir die Szene gerne mal von allen Seiten anschauen, aber ich komme nicht an Ihnen vorbei. Könnten Sie bitte ein kleines bisschen zur Seite rücken."

Als verständlicherweise keine Reaktion erfolgte, hob sie ihren Kopf und blickte anerkennend in die Runde. „Du meine Güte, der spielt aber wirklich echt. In Travemünde hat das längst nicht so realistisch gewirkt."

Entschlossen setzte sie ihren Stock auf der anderen Seite des Toten ab und stieg dann umständlich über ihn hinüber. Mit langsamen Schritten durchmaß sie den Raum bis hin zum Fenster und blickte aufmerksam um sich. Schließlich blieb sie vor Thorsten stehen. „Sie kommen mir bekannt vor, junger Mann. Haben Sie auch in der Vorstellung in Travemünde mitgespielt?"

Bevor Thorsten darüber nachdenken konnte, ob Lena hier gerade so etwas wie ein Codewort verwendet hatte, hörte er einen erfreuten Aufschrei. Im nächsten Moment eilte die alte Dame zum Fenster. „Du meine Güte, noch mehr Maskierte. Ich habe gar nicht gewusst, dass beim Dinner-Krimi jetzt auch der Außenbereich des Restaurants in die Handlung mit einbezogen wird."

Als Thorsten den Kopf zum Fenster drehte, erblickte er hinter dem Beach-Rondell den schemenhaften Umriss eines maskierten Mannes. Während er genauer hinsah, konnte er einen zweiten Mann entdecken, und auch hinter einem der Strandkörbe meinte er, eine Bewegung zu erkennen.

Lena hatte das SEK mitgebracht! Dem Himmel sei Dank. Dann runzelte Thorsten die Stirn. Ruckartig drehte er sich zu der alten Dame um und sah sie entgeistert an. Jedermann im Raum musste ihre Worte mitbekommen haben. Auch die beiden Geiselnehmer, die immer noch zwei Salzsäulen glichen. Was hatte Lena damit bezweckt? Wollte sie die beiden Männer ans Fenster locken? Aber warum?

Im nächsten Moment sollte Thorsten die Antwort erhalten. Mit einem Geräuschpegel, der jeden im Raum entsetzt aufschreien ließ, zerbarst die Tür. Durch splitterndes Holz und dichten Staub stürmten zwei groß gewachsene Gestalten, die eine wuchtige Ramme vor ihren Körpern hielten und in ihrer dunklen Kampfmontur erschreckend martialisch wirkten.

Ihnen folgten weitere SEK-Beamte, von denen mehrere den Raum nach allen Seiten hin sicherten, während die übrigen mit gezogenen MPs und dem Ruf „Polizei, lassen Sie die Waffen fallen!“ vor den Geiselnehmern zum Stehen kamen. Im Handumdrehen wurden die beiden Männer, die vor lauter Schreck zu keinerlei Gegenwehr fähig waren, festgenommen und abgeführt.

„Ach, ist das schön!“ Die alte Dame stand noch immer neben Thorsten und klatschte enthusiastisch in die Hände. „Ein SEK-Einsatz steht auch auf dem Programm. So etwas habe ich bisher immer nur im Fernsehen gesehen.“ Sie wandte sich an Thorsten. „Können Sie mir sagen, welcher Veranstalter diese Dinner-Krimis anbietet? Die sind ja hundertmal besser als der, den ich mit meiner Freundin gesehen habe. Diesen hier muss ich mir unbedingt noch mal von Anfang an ansehen.“

Entnervt wollte Thorsten erwidern, dass es jetzt wirklich genug sei und man die Darstellung einer Rolle ab einem gewissen Punkt auch übertreiben könne, da hörte er, wie von der Tür her sein Name gerufen wurde. Irritiert blickte er hoch und starrte dann völlig verdattert auf Lena Baumgarten, die einige Worte mit dem Einsatzleiter wechselte. Im nächsten Moment kam sie zu ihm herüber.

„Gute Arbeit, Kollege. Wir sind bereits seit ein paar Stunden hinter den beiden her. Sie haben in Timmendorf die Freundin von Giuseppe Cantero getötet. Leider sind die beiden Kerle uns dort durch die Lappen gegangen. Wenn du mir nicht die SMS geschickt hättest ..."

Lena wandte sich ab, um Anna zu begrüßen und wurde dann von der alten Dame mit Beschlag belegt, die nun endlich begriff, was für einem Ereignis sie gerade beigewohnt hatte. Ihrem Entzücken tat das allerdings keinen Abbruch. Im Gegenteil!

„Du meine Güte, ist das aufregend!" Die alte Dame schien nicht die Absicht zu haben, Lenas Hand so schnell wieder loszulassen. „Endlich lerne ich einmal eine echte Kommissarin kennen! Und das bei einem richtigen Polizeieinsatz! Wenn ich das meinen Freundinnen erzähle, dann werden diese langweiligen alten Gänse grün vor Neid."

Thorsten nahm die Worte wie durch einen Nebel wahr. Mit kreideweißem Gesicht und schweißnasser Stirn sank er auf seinen Stuhl.

Zwei Aufregungen an einem Abend waren eindeutig zu viel für den aufstrebenden Polizeiobermeister aus Grube.

Gespickter Tafelspitz La More

Mit Bouillonkartoffeln, Römersalat und Sahne-Apfel-meerrettich-Sauce

Zutaten für 4 Personen:

1000 g Tafelspitz
120 g Rinderherz
frisch gemahlener Pfeffer, Salz, Muskatnuss
250 g Zwiebeln
2 Thymianzweige
2 Lorbeerblätter
1 Rosmarinzweig
ca. ½ l Rinderbouillon
8 Lauchstangen
60 g Mais
80 g Schnittlauch
320 g Kartoffeln
120 g Mohrrüben
120 g Knollensellerie
120 g Zucchini
300 g Fond vom Tafelspitz
300 g Äpfel, säuerlich
120 g Sahne, frisch gerissener Meerrettich
10 g Zucker, Puderzucker
10 g Römersalat
10 g Rote-Beete-Sprossen

2 EL Zitronensaft
80 ml trockenen Weißwein

Zubereitung:
Den Tafelspitz kalt abwaschen, mit Küchenpapier abtrocknen, von Sehnen und evtl. Silberhaut befreien, Rinderherz in 0,5 cm große Streifen schneiden, spicken und mit Salz und Pfeffer würzen. Kräuter waschen und trocken schleudern. In einer Pfanne Olivenöl erhitzen. Fleisch von allen Seiten anbraten, mit Wein und Rinderbouillon ablöschen und dann in einem Bräter bei niedriger Temperatur 5-6 Stunden garen.
Bouillonkartoffeln: Möhren, Sellerie, Zucchini, Lauchstangen, Mais, Schnittlauch und Kartoffeln waschen, schälen und in kleine Würfel schneiden. Gemüse kurz in reichlich siedendes Wasser geben, garen und anschließend sofort im kalten Wasser abschrecken, damit es die Farbe behält. Kartoffeln kochen und zusammen mit dem Gemüse in die heiße Gemüsebrühe geben. Mit Salz, Pfeffer, Muskatnuss abschmecken und alles kurz durchziehen lassen.
Apfelmeerrettich: Äpfel schälen und in gleich große Stükke schneiden. Mit Salz, Zitronensaft und Gewürznelken aufkochen. Etwa 20 Minuten weich dünsten. Mit gerissenem Meerrettich und Sahne abschmecken.

Anrichten:

Das Gemüse in die Mitte des Tellers geben, darauf drei Scheiben Tafelspitz anrichten. Am Tellerrand eine kleine Handvoll Römersalat geben und mit dem Apfelmeerrettich garnieren.

Name und Anschrift des Betriebes:

Cafè Restaurant Blöser
An der Strandpromenade 22
23747 Dahme
Telefon: 04364-48020
www.restaurant-bloeser.de

Grömitz, noch einmal

Klaudia Jeske

„Die Tage, an denen man die Schultern nicht vor Kälte und Nässe hochziehen muss, kann man an einer Hand abzählen“, murmelte ich und schlug die Beine übereinander.

Die Außenplätze der Cafés an der Strandpromenade waren voll belegt. Menschen hielten ihr Gesicht in die Oktobersonne, plauderten, genossen ihre kostbare Freizeit, Kinder lärmten.

So unbeschwert.

„Grömitz wird das ‚Bad der Sonnenseite‘ genannt, wusstest du das?“

Katrine schwieg.

Ich warf einen Blick zum blauen Himmel, auf dem sich Schleierwölkchen verteilten. Dass für mich dennoch alles düster aussah, lag nur zum Teil an den schwarz getönten Gläsern meiner Jackie-O.-Sonnenbrille. Die Bedienung stellte Teekanne, Tasse und den Eisbecher ab. Dankend nickte ich ihr zu. Zielstrebig manövrierte sie ihre beneidenswert schmalen Hüften zwischen den eng gestellten Tischen hindurch und verschwand wieder im Café. Ich verbrannte mir die Zunge am Darjeeling.

Die gleiche Figur, der gleiche Hüftschwung wie Larissa!

Der Gedanke an die junge Steuerberaterin, die mein Mann für unsere Unternehmensberatung eingestellt hatte, war unerträglich. Tapfer lächelte ich Katrine an.

„Ich bin ja in Hannover aufgewachsen“, sagte ich. „Aber als ich in deinem Alter war, habe ich alle meine Ferien in Grömitz verbracht.“

Natürlich kannte sie die Geschichte: Meinen Großeltern hatte eine Bäckerei im Ort gehört. Nach dem Krieg waren Ausgebombte, Flüchtlinge und Vertriebene ins bevölkerungsarme Schleswig-Holstein geströmt. Dickschädelige, schweigsame Ostpreußen trafen auf als sturköpfig und bedächtig geltende Nordlichter. Meine Mutter, das Flüchtlingsmädchen, heiratete den Spross der alteingesessenen Bäckerfamilie.

„Dat geiht nich’ gut“, sagten die Großeltern.

Sie behielten recht.

Aus irgendeinem Grund – wahrscheinlich Lebensklugheit – hatten sie ein untrügliches Gespür dafür entwickelt, welche Ehen Schiffbruch erleiden würden. Als ich ihnen damals Ronald vorstellte – vom Typ her ein Schwiegermutterschwarm par excellence – flüsterte Oma mir mitleidig zu:

„Wenn dat ma’ gut geiht, Deern.“

Ich trank meinen Tee aus. Das Eis mit der dicken Sahnehaube war unberührt geblieben.

„Hast du denn keinen Appetit, Katrine?“, fragte ich.

Ein Mann am Nebentisch starrte mich mit offenem Mund an.

Idiot!

Ich schob meine Sonnenbrille ins Haar und winkte die Bedienung heran. Forschte sie nicht auch in meinem Gesicht? Ich gab ihr ein großzügiges Trinkgeld.

Katrine und ich standen auf.

Ich freute mich auf einen Bummel entlang der Promenade. Aber Katrine zog es zum Strand. Mit ihren Fohlensprüngen strebte sie in Richtung Seebrücke. Ich zog Wildlederstiefel und Strümpfe aus. Der weiche, kühle Sand umschmeichelte meine Füße. Jeder Schritt tat gut. Die Luft tat gut. Das Rauschen in meinen Ohren tat gut. Das Meer schimmerte grün und blau. Aufgeregte kleine Wellen trugen schaumige Kronen. Der Wind kühlte meine Haut.

Er kühlte auch meinen Verstand.

Während unserer Ehe hatte Ronald mich ein paar Mal an die Ostsee begleitet. Aber eigentlich mochte er die raue Nordsee lieber. Und Sylt. Ein Schauer lief mir über den Rücken. *Denk nicht dran,* befahl ich mir.

Im Wasser schwammen ein paar Quallen. Einige von ihren toten Verwandten lagen wie paniert am Strand. Dort gab es auch getrocknete Seegrasbüschel und Muscheln. Ich hielt nach Katrine Ausschau. Normalerweise fand sie solche Funde interessant. Aber sie war längst schon auf der Seebrücke angekommen und winkte mir zu.

Auch auf der langen Holzbrücke herrschte reger Betrieb. Es dauerte, bis ich Katrines schmalen Rücken entdeckte. Sie deutete auf die Tauchgondel beim Schiffsanleger. In der Ferne sah ich einen Fischkutter, von gierigen Möwen umflattert. Und am Strand, in Richtung Steilküste, waren Leute, die ein Bad in der kalten Ostsee wagten.

„Brr, das wäre mir dann doch etwas zu eisig“, sagte ich. Aber Katrine hüpfte bereits weiter zum Ende der Seebrücke. Ich folgte ihr.

Obwohl die Holzbalken der Balustrade mit eingetrocknetem Möwenschiss übersät waren, stützte ich meine Ellenbogen auf. Der Wind säuselte etwas von Freiheit. Das Meer schimmerte dunkelblau. Eine Möwe schwebte zehn Köpfe über mir zu einem Fahnenmast und ließ sich voller Eleganz darauf nieder. Wie ich blickte sie auf die Bucht hinaus.

Mach, dass du fortkommst, dachte ich.

Wortlos wanderten wir am Strand entlang. Die ganze Zeit über hatte ich nur Augen für das ewig wogende Wasser. Ich brannte den Anblick auf meine Netzhaut.

Für immer.

Im Yachthafen: Ein Meer aus meterhohen, weiß glänzenden Masten. Vertäute Boote tänzelnd auf dem Wasser.

Der Duft nach frisch gebratenem Fisch waberte zu uns hinüber. Vor dem Hafenpavillon mit dem Außer-Haus-Verkauf hatte sich eine Menschenschlange gebildet. Wir reihten uns ein.

„Ein Brötchen mit Hering und eins mit Krabben, bitte", orderte ich.

„Sonst noch was?", fragte die Bedienung.

„Ein Mineralwasser und ... Katrine, möchtest du eine Apfelschorle?"

Die Verkäuferin schüttelte verständnislos den Kopf.

„Was ist?", fragte ich gereizt.

Aber dann kassierte sie kommentarlos das Geld und händigte mir die Brötchen und die Getränke aus.

Plötzlich legte mir jemand von hinten eine schwere Pranke auf die Schulter. Es war Jan-Hinnerk; immer noch rosagesichtig und sommersprossig. Nur der blonde Bart war mittlerweile ergraut. Mein Cousin hat aus der

Bäckerei unserer Großeltern eine erfolgreiche kleine Kette gemacht. Wir sehen uns gelegentlich bei Familienfesten.

„Was machst du hier?“, fragte er mich und biss in sein Baguette.

„Urlaub.“

„'N büschen blass um die Nase.“

„Deswegen bin ich doch hier. Zur Erholung.“

„Nee, ehrlich, du siehst wie Spucke aus.“ Er packte mich am Arm. „Setz dich mal lieber! Was ist mit deinem Ronald?“

Meine Augen schweiften unruhig umher. Wo steckte Katrine? Mein Brustkorb pumpte auf und ab. Ich durfte sie nicht verlieren!

„Hau rein. Du bist viel zu dünn!“ Jan-Hinnerk drückte mich in einen Rattansessel, setzte sich neben mich. „Du musst unbedingt mal den Ostseeteller probieren! Seezungenröllchen mit geschälten Garnelen und noch ein paar Leckereien dazu. Weißt du was? Ich lad dich zum Abendessen ein. Und bring Ronald mit! Was hältst du davon?“

Ich konnte nicht antworten. Meine Zähne schlugen aufeinander. Plötzlich fühlte ich mich bleiern. Jan-Hinnerk legte seine Hand auf meinen Arm. Wollte er mich beruhigen oder wollte er mich festhalten? Ich wusste es nicht. Vor meinen Augen verschwamm alles.

Wie durch eine Wand hörte ich ihn auf jemanden einreden. Telefonierte er?

Ist jetzt auch egal, dachte ich. Es lief sowieso auf ein einziges Ziel hinaus. Fort vom Meer.

Aber wo war Katrine? Durch meinen Tränenschleier sah ich, wie sie mir von dem breiten Steg aus zuwinkte, der am Hafenbecken entlang verläuft.

„Was ist?“, fragte Jan-Hinnerk.

Ich lief ihm davon, bahnte mir den Weg zwischen Urlaubern und Ausflüglern hindurch, rempelte Leute an und wurde immer panischer. Katrine war aus meinem Gesichtsfeld verschwunden. Keuchend blieb ich schließlich stehen.

„Katrine!“, rief Jan-Hinnerk.

Jetzt sah ich sie auch! Sie befand sich auf einem der schmalen Holzstege, die zu den Yachten führen. Etwas stimmte nicht mit ihr. Sie stand auf einem Bein und schwankte hin und her. Mein Herz machte einen Aussetzer. Ich lief um mein Leben. Bevor ich sie packen konnte, kippte sie ins Wasser.

Ich sprang hinterher.

Das alles passierte vor drei Monaten.

Jetzt hat ein neues Jahr seinen Anfang genommen.

Von meinem Zimmer aus habe ich einen schönen Blick auf den Park mit seinen kahlen Bäumen. Die Trostlosigkeit da draußen gefällt mir.

Sie haben mich erstmal in die Psychiatrie gesperrt.

Die Medikamente wirken. Es geht mir besser als damals in Grömitz. Mein Strafverteidiger sagt, er sähe eine gute Chance. Er werde auf Schuldunfähigkeit plädieren.

Wenn ich meine Medizin nicht nehme, halluziniere ich jenes unschuldige kleine Mädchen voller Energie herbei, das ich einmal gewesen bin. „Katrine eins" nennt Dr. Hirschfeld dieses Kind. „Katrine zwei" ist eine erwachsene Frau, die im letzten Oktober auf Sylt zwei Menschen vergiftet hat: ihren Mann Ronald und Larissa, seine schmalhüftige Geliebte.

Nein, die beiden sind nicht tot.

Unsere Putzfrau kam viel zu früh, um das Ferienhaus zu reinigen, aber nicht zu spät für den Rettungswagen ...

Da war ich längst in Grömitz.

Vermutlich habe ich sogar Glück. Denn eine Zukunft in der Klapsmühle ist wohl immer noch besser, als sich im Gewaltverbrechertrakt eines Frauengefängnisses behaupten zu müssen.

Auf der Sonnenseite meines Lebens liegt ein tiefer Schatten. Das Meer werde ich für lange Zeit nicht mehr sehen.

Ostseeteller

Seezungenröllchen mit geschälten Garnelen und frischem Gemüse aus dem Wok

Zutaten für 4 Personen:

480 g Seezungenfilet

24 geschälte Garnelen

400 g frisches Gemüse (Mischung nach Geschmack)

160 g Blattspinat

360 g frische Bandnudeln

Butter

Öl

Für die Sauce:

12 g Safranfäden

0,4 l Weißwein und einen Schuss Sahne

Salz, Pfeffer, Muskat

Zubereitung:

Vier Seezungenfilets à 120 g salzen und aufrollen und in der Pfanne in etwas Butter braten, herausnehmen und warmstellen. Die geschälten Garnelen in der gleichen Pfanne schwenken, bis sie glasig sind.

Das Gemüse in mundgerechte Stücke schneiden und zusammen mit dem Blattspinat im Wok mit etwas Öl unter häufigem Wenden garen lassen. Mit Salz und Muskatnuss würzen. Die Bandnudeln bissfest kochen.

Sauce: Wein mit einem Schuss Sahne aufkochen lassen, mit Salz und Pfeffer würzen, die Safranfäden darunter geben, kurz ziehen lassen.
Dazu passt auch ein Nuss-Curry-Chutney – eine Spezialmischung des Hauses bestehend aus: Zucker, Walnüssen, Haselnuss gemahlen, Haselnuss geschält, Sesam, Mandeln, Studentenfutter, Paniermehl, Curry, Olivenöl, Orangensaft. Das Chutney kann im Seafood-Shop erworben werden.

Anrichten:
Die Nudeln in die Mitte des Tellers geben, das Gemüse ringsherum anrichten. Das Seezungenröllchen und die Garnelen darüber verteilen und alles mit etwas Sauce übergießen. Auf eine freie Tellerstelle einen Esslöffel des Nuss-Curry-Chutneys geben.

Name und Anschrift des Betriebes:
Falkenthal Seafood
Kurpromenade 6
23743 Grömitz
Telefon: 04562-5152
www.falkenthal-seafood.de

Dorsch auf Abwegen

Walter M. Dobrow

Ein rot-weißes Absperrband der Polizei verhinderte, dass Malte Herrmann, der wieder einmal spät dran war, rechtzeitig die Schule erreichte. „Mist!“, knurrte Malte und wollte sein Rad wenden, um einen anderen Weg zu nehmen, aber dann siegte doch die Neugier. Es passierte ja auch nicht so furchtbar viel in dem beschaulichen Eutin, da konnte Englisch bei Herrn Küster wohl noch ein bisschen warten. Sehr nah kam er nicht an den Tatort heran, denn gleich ihm wagten viele Passanten einen Blick.

Seit seiner Kindheit kannte Malte das Gemüsegeschäft des „Türken“, wie ihn alle nannten. Ein kleines Geschäft mit hölzernen Stellagen auf dem Gehsteig, auf denen Obstkisten mit frischer Ware Kunden anlocken sollten. Nun stand der kleine Mann in seinem, wie immer blitzsauberen Kittel vor den Trümmern seiner Auslage. Die Beine der Stellagen waren weggetreten worden und mit Farbe verschmiert. Quer über das Fenster stand „Kanaken raus!“ geschrieben, offensichtlich mit einer Sprühdose aufgetragen. Daneben prangte ein schiefes Hakenkreuz. Zwei Polizisten schrieben Kemals Aussage auf. Mehr war nicht zu sehen.

Malte zuckte die Achseln und machte sich auf den

Weg. *Blödmänner,* dachte er und meinte die Gruppe um Niels Barkfrede, die sicherlich für diesen „Spaß“ verantwortlich war. „Komm doch mal zu uns“, hatte ihn Niels einmal angesprochen, aber Malte hatte andere Interessen.

„Ach, Malte, beehrst du uns doch noch“, stichelte Herr Küster, der bereits mit der Englischstunde begonnen hatte. Malte setzte sich auf seinen Platz und warf einen schnellen Blick nach links, wo Samira saß – „seine“ Samira.

Das Mädchen drehte ihren Kopf, wobei ihre dichten schwarzen Haare flogen und lächelte ihn an. Samira war – wie Malte – vierzehn Jahre alt und besuchte die achte Klasse des Gymnasiums. Als Tochter iranischer Immigranten war sie hin- und hergerissen zwischen den Welten, in denen sie leben musste. Im Elternhaus streng islamisch, in Schule und Stadt weltlich und ungezwungen.

Auf dem Schulfest waren sie sich nähergekommen und Malte war vollständig in Samiras dunkelbraunen Augen ertrunken. Seitdem trafen sie sich heimlich an „ihrem“ Platz am See hinter dem Schloss. Nur wenige wussten von dieser Beziehung. Samiras Freundin Hedy natürlich und Maltes Mutter.

„Ich bin gern mit dir zusammen“, hatte Samira gesagt, nachdem sie sich zum ersten Mal geküsst hatten, „aber bitte ..., es darf niemand wissen. Meine Brüder ..., sie sind so ... Sie würden es nicht zulassen, dass wir uns sehen."

Malte verstand das nicht. Was sollte Samiras Familie gegen ihn haben? Aber er hielt sich an ihre Bitte.

Sie trafen sich am Nachmittag. Die dichten Büsche verbargen die Bank, auf der sie saßen. Malte war glücklich. Sie aßen Donuts, die er mitgebracht hatte.

„Ich möchte, dass du zu meiner Konfirmationsfeier kommst", sagte er.

Samira erschrak, mochte es Malte aber nicht so direkt abschlagen. „Das geht nicht ...", antwortete sie dann niedergeschlagen.

„Bitte ...", drängte Malte und Samira versprach, es sich zu überlegen.

Samira Moussanian wollte nichts anderes als ein normaler Teenager sein. Ihre Mutter Shehan war noch in Isfahan aufgewachsen und verließ auch nach sechzehn Jahren in Eutin kaum einmal das Haus. Niemand in ihrer Nachbarschaft hatte je die prachtvollen schwarzen Haare gesehen, die sie nur im Haus offen trug, ansonsten verbarg stets ein Schleier ihren Kopf.

Sie und ihr Mann Zoupan waren gläubige Schiiten und befolgten die Gebote des Propheten Mohammed. Zoupan besaß eine Auto-Reparaturwerkstatt am Stadtrand und hatte es zu bescheidenem Wohlstand gebracht. Seine Söhne Achmad und Kishan, zwanzig und achtzehn Jahre alt, hatten früh die Schule verlassen und arbeiteten im Familienunternehmen.

Dass Samira das Gymnasium besuchte, befand Zoupan einerseits für überflüssig, weil sie ja doch bald einen guten gläubigen Mann heiraten würde. Andererseits war er stolz auf sie, wenn ihm die Klassenlehrerin am Elternsprechtag sagte, dass sie die beste Schülerin des Jahrgangs wäre.

„Du musst jetzt auch ein Kopftuch tragen", hatte ihre Mutter Samira gesagt, als sie sah, dass ihre Tochter weibliche Formen bekam, aber das hatte Samira mit Hilfe ihrer Lehrerin verhindern können, denn Frau Levers hatte rundheraus erklärt, dass in der Schule Kopftücher verboten seien, obwohl die Rechtslage da nicht so klar war.

Samira überlegte tagelang, wie sie es schaffen könnte, zu Maltes Feier zu gehen, ohne ihre Eltern fragen zu müssen. Schließlich fragte sie Hedy um Rat.

„Du bist offiziell bei mir", lachte Hedy. „Du weißt doch, meine Eltern haben eine Ferienwohnung in Scharbeutz. Da sind wir an dem Wochenende zum „Lernen"!

Hedy bat ihre Mutter um Mithilfe und die schaffte es tatsächlich, die Einwilligung von Samiras Eltern zu bekommen, denn sie mochte Samira und lehnte derart einschränkenden Religionsschnickschnack ab. Hedy, die annähernd Samiras Figur hatte, stattete ihre Freundin für die Feier mit einem atemberaubenden Partykleid aus, das sie selbst auf dem Abtanzball getragen hatte.

Die Konfirmation war das beherrschende Thema im Hause Herrmann. Rita Herrmann, Maltes Mutter, hatte alles in der Hand. Malte zuckte nur mit den Achseln, als er die Gästeliste sah. Entfernte Tanten und Onkel, die er nicht einmal kannte. *Okay,* dachte er, *hoffentlich gibt's keine blöden Geschenke.* Sein Traum war ein neuer Computer und er spekulierte auf einen reichlichen Geldsegen.

„Ich habe den Clubraum im „ANMABU“ gemietet“, verkündete Rita und ihr Mann Conrad nickte zustimmend. Er liebte die gute Küche und das Ehepaar ging dort regelmäßig essen. Conrad fand es gemütlich, in einer der kleinen Nischen unter den Balken der Deckenträger zu sitzen.

„Was gibt's zu essen?“ fragte er.

„Ich hab mit der Wirtin ein Büfett vereinbart und der Clou wird ein Spanferkel sein.“ Conrad nickte voller Vorfreude. Malte war es egal.

Am Konfirmationstag begleitete Hedy Samira in die Kirche, vor der diese eine gewisse Schwellenangst hatte. Noch nie zuvor war sie in einer christlichen Kirche gewesen. Samira beschlich das Gefühl, eine Sünde zu begehen, neben den Gewissensbissen, die sie sowieso schon hatte, weil sie ihre Eltern belog. Eigentlich fand sie die Zeremonie aber doch sehr schön und, anders als in der Moschee, sehr locker, denn ein Gospelchor umrahmte die Feier musikalisch und sie ertappte sich dabei, die eingängigen Melodien leise mitzusummen. Am Ende des Gottesdienstes gab es vor der Kirche Gratulationen, Gruppenfotos und feuchte Küsse alter Tanten auf junge Konfirmandenwangen.

„Das ist meine Freundin Samira!“, stellte Malte das bildschöne dunkelhaarige Mädchen seinen Eltern vor, die aber gar nicht richtig zuhörten, weil sie es für wichtiger hielten, Pastor Meier die Hand zu drücken.

Man ging zu Fuß die wenigen Schritte bis zum „ANMABU“ in der Freischützstraße und Malte musste die gebrechliche Tante Frieda stützen, anstatt mit Samira Arm in Arm zu gehen, wie er es sich erträumt hatte. Es gab einen Sektempfang und der Wirt und die Wirtin beglückwünschten Malte herzlich.

Die Verwandtschaft gratulierte und überreichte Malte Umschläge, der zu gern nachgesehen hätte, was sie enthielten. Aber das musste leider warten.

Man setzte sich. Rita hatte bestimmt, dass Malte am Kopfende Platz nehmen musste, weit weg von Samira. So dauerte es eine Weile, bevor er ihre offensichtliche

Not bemerkte. Während alle sich große Teller mit dampfendem krossem Spanferkel füllten, saß das Mädchen unglücklich vor einer kleinen Portion Salat. Nein, sie brachte es nicht übers Herz, Schweinefleisch zu essen.

Malte ging zu ihr „Was ist? Hast du keinen Hunger?“

Stumm wies sie auf den zur Dekoration gedachten Schweinekopf, der einen Petersilienstrauß im Maul hatte.

„Ach du Scheiße …“, entfuhr es Malte. „Warte einen Moment.“ Er lief in die Gaststube, und erklärte dem Wirt Samiras Problem.

„Das hätte deine Mutter aber auch gleich sagen können“, meinte der Wirt, und ging mit einer Speisekarte in der Hand zu Samira, der es etwas peinlich war, nun eine „Extrawurst“ zu bekommen.

Der Wirt empfahl ein Fischgericht. Es bestand aus Dorschfilet, Kartoffeln, einer delikaten Beilage aus Chinakohl und Karotten sowie einer leckeren Soße, gekrönt durch eine ansprechende Dekoration aus Petersilie und anderen Kräutern. Samira aß mit Appetit, als der „Dorsch auf Abwegen“ serviert wurde und Malte konnte sich endlich neben sie setzen und sie anhimmeln.

Achmad Moussanian hatte seit einiger Zeit eine Freundin. Mounir stammte wie er aus dem Iran und war seiner Familie willkommen. Nicht oft, aber hin und wie-

der gingen die beiden essen und an diesem Sonntag gingen sie ins „ANMABU“. Auch Achmad aß, wie seine Schwester, „Dorsch auf Abwegen“, wusste aber davon nichts. Nach Ende der Mahlzeit entschuldigte er sich bei Mounir.

„Ich muss mal auf die Toilette.“

Aus dem Clubraum drangen die Geräusche einer Familienfeier und er spähte hinein, als er an der offenen Tür vorbeikam. Was er sah, ließ in erstarren. Seine Schwester saß in einem sündigen Kleid neben einem blonden Ungläubigen, der ihre Hand hielt. Im Hintergrund ein Schweinekopf, der zu grinsen schien! Bei Achmad brannten alle Sicherungen durch. Schreiend stürmte er in den Raum, ergriff Samira brutal am Arm und zerrte sie hoch.

„Du Schlampe!“, schrie er und gab ihr vor der erstarrten Gesellschaft eine schallende Ohrfeige.

Malte wollte Achmad wegstoßen, bekam aber einen Faustschlag in den Magen, der ihn zurückwarf. Bevor einige der jüngeren Gäste sich durchdrängen konnten, hatte Achmad Samira aus dem Raum und durch die Gaststube zum Ausgang gedrängt.

„Wir gehen, bezahl und komm nach!“, rief er der verdutzten Mounir auf Persisch zu, dann schloss sich die Tür des Lokals.

Für Malte brach eine Welt zusammen. Er wollte, dass

sein Vater die Polizei holte, aber der wiegelte ab.

„So ist das bei denen …“, sagte er. „Da können wir uns nicht einmischen. Such dir besser eine Freundin, die nicht so eine rabiate Verwandtschaft hat.“ Er wollte sich die Feier auf keinen Fall vermiesen lassen und vergaß vollkommen, dass es Maltes Feier war, der nun hilflos und niedergeschlagen den Rest des Tages über sich ergehen lassen musste.

Sein Cousin Simon, vierundzwanzig Jahre alt und auf den ersten Stufen der Karriereleiter der Sparkasse, flößte ihm den ersten Cognac seines Lebens ein. Weil es nicht bei einem blieb, vergaß er Samira am Abend für ein paar Stunden.

Samira saß in ihrem Zimmer. Auch ihr Vater hatte sich in der ersten Wut zu Schlägen hinreißen lassen. Ihre Mutter hatte gezetert und Achmad hatte ihr sogar ein blaues Auge geschlagen, bevor Kishan, ihr jüngerer Bruder, sich dazwischenwarf und sie beschützte.

Nun saß sie in Stubenarrest, während der Familienrat beschloss, dass sie für einige Zeit nach Isfahan zu Onkel Ismail fahren sollte, was Zoupan mit einem in hitziger Sprache geführten Telefonat abmachte. Ismail wurde beauftragt, einen passenden Mann für Samira zu finden.

Samira hatte mittlerweile keine Tränen mehr. Ihr Gesicht war verquollen und ihr Auge schmerzte. Die

Hämatome auf ihren Armen, an denen Achmad sie hochgezerrt hatte, waren tiefschwarz und taten weh. Als ihr Vater die Tür ihres Zimmers aufschloss und ihr mit kalter Stimme seinen Entschluss mitteilte, schrie sie wie ein Tier, das geschlachtet werden sollte.

Sie versuchte, aus dem Fenster zu klettern, aber Achmad hörte es und verschraubte das Fenster. Kurz bevor ihre Mutter ihr das Handy abnahm, gelang es ihr, Hedy anzurufen und ihr alles zu erzählen.

Hedy lief sofort aufgelöst zu ihrer Mutter. „Das gibt's doch gar nicht! Ich geh sofort zum Jugendamt!“, sagte sie und tat es.

Eine von langem Berufsleben desillusionierte Beamtin klingelte bald darauf an der Haustür der Moussanians. Sie wurde zuvorkommend begrüßt, mit Tee bewirtet und bekam eine ganz andere Version der Geschichte serviert. Sie durfte einen kurzen Blick auf die schlafende Samira werfen, die der Erschöpfung nicht länger widerstanden hatte.

Shehan hatte sorgfältig die Decke so über ihre Tochter gelegt, dass keine Spuren der Gewalt sichtbar waren. Das gemütliche, aufgeräumte Zimmer des Mädchens und die von liebevoller Sorge getragene Aussage der Eltern, die nur das Beste für ihre Tochter wünschten, ließen die Fürsorgerin ihren Notizblock schließen und sich verabschieden.

„Entschuldigen Sie bitte meinen Besuch, aber wir müssen solchen Hinweisen nachgehen, so unbegründet sie, wie in Ihrem Fall, auch sein mögen.“

Auch Frau Levers, Samiras Lehrerin, wollte die Sache nicht auf sich beruhen lassen. Als Samira nach drei Tagen immer noch nicht wieder zur Schule kam, ging sie zum Direktor, der ihr schweigend zuhörte. Frau Levers erzählte ihm, was sie von Hedy und Malte erfahren hatte. Es war nicht das erste Mal, dass Direktor Küppers mit „so etwas“ zu tun hatte. *Das arme Kind,* dachte er. Er wies auf einen Brief, der geöffnet auf seinem Schreibtisch lag.

„Der Vater hat Samira abgemeldet“, sagte er. „Sie fliegt in den Iran und wird dort weiter zur Schule gehen. Sie ist iranische Staatsbürgerin und wir können nichts tun ...“ Frau Levers resignierte schließlich und so flog Samira an einem Samstag vom Hamburger Flughafen mit

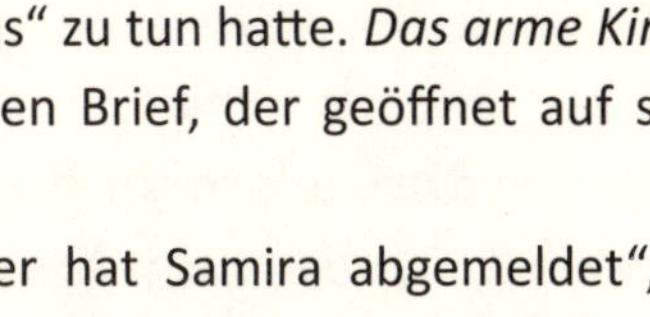

einem Airbus der Iran Air nach Teheran.

Malte ekelte sich ein bisschen vor der Umgebung. Das Vereinsheim der „freien Jugend“, wie sie sich nannte, war ein einziger Sperrmüllhaufen in einer alten Gartenlaube. Niels Barkfrede war der uneingeschränkte Herrscher der etwa zwanzig mehr oder weniger glatzköpfigen Mitglieder. Er war überrascht, den ruhigen, eher unauffälligen Malte hier zu sehen, begrüßte ihn aber herzlich.

Malte war von einem unbestimmten Gefühl hierher getrieben worden, was ein Psychologe wohl „archaischen Rachewunsch“ genannt hätte. Er hatte vergeblich versucht, Samira irgendwie zu erreichen und war nun traurig und verzweifelt, seitdem Hedy ihm gesagt hatte, dass Samira im Iran wäre – unerreichbar für immer. Niels verteilte Bierflaschen, ungeachtet dessen, dass die meisten seiner Jünger minderjährig waren, während Malte erzählte, warum er hier war.

Drei Biere hatten ihn redselig gemacht und als einer der anderen abfällig sagte: „Mensch ... Eijjjj Alter! Sei froh, dass du die Kanakenbraut los bist. Die ham doch alle Flöhe ...!“, hatte er seine erste Schlägerei, die Niels beendete.

„Schluss jetzt, Kameraden, und du, Alf, halt die Schnauze. Siehst doch, dass Malte in die verschossen ist.

Und du, Malte, solltest dir überlegen, ob du es so hinnehmen willst, dass dieser Achmad, oder wie der heißt, deine Feier gesprengt hat."

Er tupfte Malte ein wenig Blut von der Augenbraue, die Alfs Faustschlag ihm aufgerissen hatte und klebte ihm ein Heftpflaster auf. „Los, Hand geben, Kameraden. Dafür sollen die anderen bluten. Nicht wir!"

Malte gab Alf die Hand und sie tranken ein Bier auf ex.

Zoupan Moussanians Werkstatt lag an der Ausfallstraße Richtung Plön. Die ehemalige Tankstelle war durch eine kleine Werkhalle erweitert worden und der Sandplatz daneben stand voller Gebrauchtwagen mit großen Preisschildern in den Windschutzscheiben. Die teuren Modelle vorn, die preiswerten hinten.

Normalerweise wurde an Samstagabenden nicht gearbeitet, aber Kishan hatte sich einen alten Alfa Spider gekauft, den er in seiner Freizeit restaurierte. Er stand in der Grube unter dem Auto und schweißte ein neues Blechteil in den maroden Unterboden. Sorgfältig schirmte er mit einem Schutzschild den Tank vor den stiebenden Funken ab. Er hatte so etwas schon oft gemacht und pfiff leise vor sich hin. Hier fühlte er sich am wohlsten, denn seit der Geschichte mit Samira hielt ihn wenig zu Hause.

Er schrak auf, als von draußen ein Geräusch zu ihm drang, das wie das Splittern von Glas klang. Schläge von Hämmern auf Blech ... Gejohle. Wieder zerbrechendes Glas ... Der Brenner in seiner Hand zischte und er ließ das Schutzschild sinken. Er bemerkte nicht, dass sich ein größer werdender Benzinfleck unter dem Tank gebildet hatte.

Niels und die anderen, unter ihnen Malte, ließen erschrocken die Vorschlaghämmer fallen, als die Werkhalle explodierte. Ein vorbeifahrendes Auto vollführte eine Vollbremsung. Der entgeisterte Fahrer sah einige dunkle Gestalten davonrennen und die Explosionswolke, die jetzt einem glühendroten Feuer Platz machte.

Für die Feuerwehr blieb nichts zu tun als abzuwarten, bis die Halle von selbst ausgebrannt war. Sie fanden Kishans verkohlte Leiche und damit war es ein Fall für die Kriminalpolizei. Unter anderem wegen der vorangegangenen Überfälle, wie auf den Gemüseladen, wurde es ein Fall für den Staatsschutz und das LKA. Niels Barkfrede und seine „freie Jugend“ konnten sich aber mit einwandfreien Alibis herausreden.

Malte Herrmanns Leistungen in der Schule sackten ab und er zog sich von allem zurück. Seine Eltern waren ratlos, doch Direktor Küppers ahnte den Grund und empfahl einen Ortswechsel und da Conrad Herrmann sich das leisten konnte, schickte er Malte ins renommierte Internat Louisenlund.

Und in Eutin wuchs das Gras ...

Dorsch auf Abwegen

Gebratenes Dorschfilet auf einer Komposition von geschmortem Chinakohl und Karotte mit Petersilienkartoffeln

Zutaten für 4 Personen:

800 g Dorschfilet
800 g Kartoffeln
600 g junge Möhren
1000 g Chinakohl
80 g gewürfelter Speck
320 ml Sahne
Butterschmalz zum Braten
frische gehackte Petersilie
Salz, Pfeffer, Koriander, Butter, Zitrone

Zubereitung:

Pellkartoffeln kochen, anschließend pellen und warm stellen. Während die Kartoffeln kochen, Möhren schälen und raspeln, Chinakohl längs halbieren und in Streifen schneiden. Dorschfilet mit Zitrone und Salz würzen. Fett

in einer Pfanne erhitzen und den Dorsch darin langsam braten. Parallel dazu gewürfelten Speck in einer Pfanne anbraten, Chinakohl und Möhren dazugeben, etwas schmoren lassen. Mit Salz, Pfeffer und Koriander würzen. Die Sahne dazugeben und kurz köcheln lassen. Erneut abschmecken. Kartoffeln in etwas Butter mit frischer Petersilie schwenken.
Nach Belieben anrichten.

Name und Anschrift des Betriebes:
Restaurant „ANMABU“
Freischützstraße 7
23701 Eutin
Telefon: 04521-776700
www.anmabu.de

Liebevolle Fürsorge

Torsten Prawitt

Liebe Mutti,

bitte entschuldige, dass ich mich in der letzten Woche nicht gemeldet habe, aber ich fand einfach nicht die Ruhe, um einen Brief zu schreiben. Das heißt, Ruhe ist vielleicht nicht das richtige Wort. Ich habe es hinausgeschoben, weil ich nicht so recht wusste, ja eigentlich immer noch nicht weiß, wie ich es Dir sagen soll. Aber andererseits hast Du, wie ich finde, ein Recht darauf, es zu erfahren, so sehr es Dir auch wehtun wird. Bitte, liebe Mutti, nimm das, was Du jetzt liest, nicht allzu schwer!

Es ist nämlich so, dass Robert und ich überhaupt nicht mehr miteinander auskommen. Begonnen haben die Spannungen eigentlich schon vor gut drei Jahren, damals nach Vatis Tod, aber in der letzten Zeit ist es immer schlimmer geworden. Ich hoffe, dass Du das nie bemerkt hast, wenn Du bei uns zu Besuch warst; Robert reißt sich dann ja immer sehr zusammen. Aber sobald Du wieder abgereist bist ...!

Verzeih, liebe Mutti, aber ich finde, Du musst jetzt einfach erfahren, wie es um unsere Ehe steht und wer daran die Schuld trägt. Beständig überschüttet Robert mich mit Vorwürfen; er – bitte, liebe Mutti, nimm Dir das jetzt nicht so zu Herzen! – habe das Gefühl, nicht mehr mit mir, sondern mit seiner Schwiegermutter verheiratet zu sein, hat er mir erklärt. Er bringt wirklich keinerlei Verständnis dafür auf, dass ich mich ein bisschen um Dich kümmere, seit Du allein bist. Dabei ist das doch ganz natürlich, nicht wahr? Und es wäre ja auch alles viel einfacher gewesen, wenn wir hier in Burg für Dich das Dachzimmer schön ausgebaut hätten. Aber er hat sich damals strikt geweigert, auf diesen Vorschlag einzugehen. Ich habe es Dir nie erzählt, um Dich nicht zu verletzen.

Wenn Du nun schon allein in Deiner Wohnung sitzen musst, ist es dann doch wohl selbstverständlich, dass ich ein wenig für Dich sorge, oder? Aber Du solltest mal hören, was Robert dazu sagt! Er findet es „übertrieben" – jawohl, übertrieben! –, wenn ich Dir zum Beispiel ab und zu mal Essen rüberbringe. Dabei macht es mir doch wirklich keine Mühe, gleich ein bisschen mehr zu kochen. Und was bedeuten schon die paar Kilometer bis nach Hohwacht?

Außerdem, wer schafft schließlich im Moment das Geld heran, mit dem auch das Benzin bezahlt wird!? Natürlich mag das auch ein Grund für Roberts Gereiztheit und Ungerechtigkeit sein. Seit sieben Monaten ist er jetzt schon arbeitslos, immer wieder kommt Absage auf Absage, während ich inzwischen sogar zwei Gehaltserhöhungen gekriegt habe. Aber das entschuldigt trotzdem nicht sein Verhalten!

Jetzt will er übrigens unbedingt eine neue Motorsäge für seine Basteleien haben. Ich habe mich natürlich strikt geweigert. Nichts, habe ich gesagt. Wenn Du selbst wieder verdienst und dann Geld dafür übrig hast, bitte. Aber im Moment haben wir es nicht so reichlich. Jedenfalls nicht flüssig. Denn es wäre zurzeit doch Wahnsinn, für irgendwelche Spielereien an die Anlagen ranzugehen. Nein, da sollte man momentan die Kirche im Dorf lassen.

Die Geschirrspülmaschine für Dich, liebe Mutti, war ja auch nicht gerade billig. Versteh das jetzt um Himmels willen nicht falsch, das soll kein Vorrechnen werden! Ich will Dir doch helfen, so gut ich kann. Aber dass Robert das einfach nicht einsehen will!

Ja, so ist also augenblicklich hier bei uns auf der Insel die Lage. Ich weiß wirklich nicht, wie das auf Dauer weitergehen soll. Nun ja, man wird abwarten müssen. Jetzt will ich Dich nicht weiter damit behelligen.

Hast Du den Schweinebraten schon aufgegessen? Länger als bis heute solltest Du ihn nicht aufbewahren. Zum Wochenende habe ich Hasenkeulen gekauft. Wir werden etwas früher essen, damit ich so gegen halb eins bei Dir sein kann. Du brauchst sie Dir dann nur noch schnell warm zu machen. Bis bald!

Deine Jennifer

Liebe Jennifer,

hab vielen Dank für Deinen Brief. Was Du da über Euch erzählst, ist ja wirklich traurig. Ich habe nie geahnt, dass er die Sache so sieht, und es ist mir sehr unangenehm. Ich kann mir eigentlich gar nicht vorstellen, dass Robert sich so verhält. Wenn wir zusammenkommen, ist er doch immer sehr nett und verständnisvoll. Bist Du sicher, dass Du ihn auch richtig verstanden hast und nicht alles vielleicht ein bisschen zu dramatisch siehst?

Auf jeden Fall möchte ich natürlich nicht der Grund für Spannungen zwischen Euch oder gar Schlimmeres sein! Und wenn ich mich ein wenig bemühe, komme ich ja noch sehr gut allein zurecht. Obwohl es mit dem Essenmachen zugegebenermaßen schon etwas anstrengend ist. Aber es wird sicherlich gehen, und auch am Wochenende kann ich mich ja mal mit einer Kleinigkeit begnügen. Wir müssen da einen Weg finden, liebes Kind, denn es soll auf keinen Fall so sein, dass Ihr Euch meinetwegen wirklich ernsthaft zankt! Am besten, wir beide sprechen am Sonntag noch einmal in aller Ruhe darüber.

Sag, wäre es sehr umständlich für Dich, etwas anderes als ausgerechnet Hasenkeulen zu kochen? Ich komme gegen den Wildgeschmack einfach nicht an! Wenn Du sie schon eingekauft hast, kannst Du sie ja vielleicht in Deine Tiefkühltruhe tun. So ein Gerät ist ja wirklich eine praktische Sache. Aber Vati war immer dagegen. Kostet schließlich auch eine Menge Geld. Na, und was sollte ich alte Frau jetzt noch damit!

Weißt Du, ich habe schon ewig keinen vernünftigen

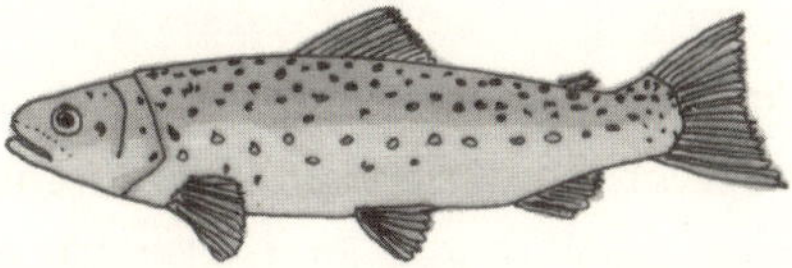

Fisch mehr gegessen. Da traue ich mich irgendwie nicht mehr so recht ran. Erst mit der Zubereitung, und dann ist das mit den Gräten ja auch schlecht, wenn man nicht mehr so gut sieht. Und außerdem ist es ja auch unglaublich, was dafür heutzutage verlangt wird.
Ob Du nicht vielleicht in der Richtung am Wochenende etwas machen könntest? Ist nur so ein Vorschlag. Ach, ich glaube, Du erzähltest irgendwann mal, dass Robert keinen Fisch mag. Aber ob er sich nicht einmal überwinden könnte? Dir zuliebe? Wenn es gar nicht anders geht, bring eben doch die Hasenkeulen mit. Ist ja eigentlich eine ganz edle Sache, nicht? Sagt man jedenfalls. Also dann bis Sonntag. Es wartet und freut sich

Deine Mutter

Liebe Mutti,

wenn Du solchen Appetit auf Fisch hast, dann sollst Du ihn auch bekommen. Warum hast Du das denn nicht schon längst mal gesagt? Aber das ist mit dem Aufwärmen natürlich nicht so günstig. Da verliert er doch ziemlich. Und Du hättest dann auch den Geruch in der Wohnung.

Ich habe mir deshalb gedacht, dass wir Dich stattdessen am Sonntag so gegen elf abholen und dann hier in Burg fein essen gehen. Ich habe da auch schon ein Lokal im Zentrum ins Auge gefasst, in der Ohrtstraße, also gar nicht weit von unserer Wohnung, wo es sehr leckeren Fisch geben soll. Das wird Dir bestimmt gefallen; es ist eines von den alten Häusern – schon über hundert Jahre alt, steht dran.

Robert kann sich ja auch etwas anderes bestellen, wenn er unbedingt will. Also, falls ich vorher nichts mehr von Dir höre, sind wir am Sonntag um elf Uhr bei Dir. Bis dahin alles Gute.

Deine Jennifer

Liebe Mutti,

all das, was wir uns im Auto bei der Rückfahrt am Wochenende überlegt haben, ist hinfällig geworden! Von wegen in Ruhe aussprechen und so. Ich hatte ja schon meine Zweifel angemeldet, als ich vorsichtig andeutete, was für einen Aufstand Robert vorher wegen der Esseneinladung gemacht hat. „Ach, dafür haben wir plötzlich Geld!“, hatte er da nämlich tatsächlich gesagt. Woraufhin ich nicht an mich halten konnte und ihn wieder einmal daran erinnert habe, wie das mit den Einkünften und dem Kapitalbesitz bei uns aussieht. Nun ja, deshalb war er wohl die ganze Zeit etwas schweigsam.

Aber dafür schmeckte deine „Ostseeliebe“ doch wirklich großartig, nicht? Und als Filets waren die Fische für Dich ja offensichtlich auch kein Problem, egal ob Dorsch, Scholle oder Hering. Gerade der hat ja sonst so schrecklich viele Gräten. Und auch der Gestank beim Braten ...!

Wenn man sich dagegen einfach bedienen lassen kann, ist das doch eine völlig andere Sache. Ich hatte jedenfalls den Eindruck, dass Du es wirklich genossen hast, mal wieder so etwas ganz Besonderes vorgesetzt zu bekommen. Pflaumen- und Stachelbeersoße zu Fisch wäre einem selbst ja genau so wenig eingefallen wie das Kartoffel-Karottengemüse!

Und unser Bummel durchs Zentrum hinterher war dann wirklich noch ein feiner Abschluss. Ich weiß ja, wie gerne Du Schaufenster guckst. Aber als ich Robert jetzt vorschlug, Dich zukünftig doch vielleicht auch mal in der Woche auf eine Tasse Kaffee und ein schönes Stück Kuchen irgendwo „Am Markt“ einzuladen, damit Du ein bisschen häufiger rauskommst und hinterher auch noch ein bisschen im Kaufhaus oder den anderen Geschäfte herumstöbern kannst, ist er buchstäblich hochgegangen. Ich hätte nie gedacht, dass er so ausfallend werden kann. Und dabei hatte ich ihm als Überraschung schon seine komische Säge gekauft, sie steht noch im Keller. Na, ich werde versuchen, sie zurückzugeben.

Liebe Mutti, ich sage es Dir nur sehr ungern, weil ich weiß, wie tief es Dich berührt – aber ich werde mich scheiden lassen! Roberts jüngstes Verhalten hat mir endgültig die Augen geöffnet. Ich weiß jetzt, wie er wirklich ist, auch wenn Du es immer noch nicht glauben magst. Ich bin jedenfalls fest entschlossen, ein Ende zu machen. Vielleicht tut es ihm irgendwann leid, aber dann ist es eben zu spät! Heute Abend werde ich es ihm sagen. Ich melde mich in den nächsten Tagen, um zu berichten, wie er es aufgenommen hat. Bis dahin alles Liebe von

Deiner Jennifer

Lieber Robert,

gibt es immer noch keine Neuigkeiten? Wer hätte aber auch ahnen können, dass Jennifer so handeln würde! Ich war ja schon in größter Sorge, als sie sich nach ihrem letzten Brief nicht mehr meldete – aber mit dieser Möglichkeit hatte ich wirklich nicht gerechnet! Dabei wollte sie an jenem Abend mit Dir über alles sprechen.

Und stattdessen setzt sie sich einfach ab, verlässt Dich, ohne ein Wort zu sagen oder uns einen Hinweis darauf zu geben, was sie nun vorhat. Zum Glück neigt sie ja eigentlich nicht zu unvernünftigen Handlungen. Nein, da kann ich Dich, was Deine Befürchtungen betrifft, beruhigen. Aber natürlich mache ich mir trotzdem Sorgen.

Mein lieber Junge, wir wollen hoffen, dass sie schnell wieder zur Besinnung kommt und sich meldet. Selbstverständlich ist es vollkommen in Ordnung, dass Du Jennifers Aktienpaket so lange verwaltest. Wer sollte es sonst tun. Und letztlich ist es ja wohl auch in ihrem Sinn, denn sonst hätte sie ja nicht diese Vollmacht aufgesetzt, die Du in Ihrem Schreibtisch entdeckt hast. Gut, als sie die unterschrieb, hatte sie wohl nur den schlimmsten Fall aller Fälle im Hinterkopf, aber daran wollen wir ja nun nicht denken.

Tja, mehr als abzuwarten, bleibt uns im Moment dann wohl nicht übrig. Denn Du hast recht: Die Polizei jetzt schon einzuschalten (was heißt jetzt schon; ich hoffe, es wird auch später nicht nötig!), dürfte auch nichts nützen und die ganze Angelegenheit nur noch unnötig dramatisieren. In der Hoffnung, dass wir bald wieder von unserer Jennifer hören, grüßt Dich herzlich

Deine Schwiegermutter

P.S.: Ich finde es übrigens ganz reizend, wie liebevoll Du Dich um mich kümmerst. Das muss ich Dir einfach noch einmal sagen, mein Junge! Ich konnte mir ohnehin nie so richtig vorstellen, dass wirklich alles stimmte, was

Jennifer erzählt hat. Allerdings sagtest Du ja, dass sie durch ihren Beruf nervlich sehr angespannt war.

Und Dein rührendes Verhalten jetzt – nun gut, ich will Dich nicht verlegen machen. Aber trotzdem: War das nicht übertrieben? Sicherlich, so eine Gefriertruhe ist wirklich eine praktische Sache, gerade wenn man allein lebt. Aber dass Du sie mir auch noch mit den vielen leckeren Bratenstücken gefüllt hast! Und alles gleich portionsweise zerkleinert – also, bequemer geht es

wirklich nicht. Da gönne ich mir jetzt täglich etwas Besonderes! Denn Fasten bringt uns Jennifer schließlich auch nicht schneller zurück, oder?

Ostseeliebe

Dorsch-, Schollen- und Heringsfilet auf Pflaumen-Stachelbeersauce an Kartoffel-Karottengemüse

Zutaten für 4 Personen:

320 g Dorschfilet
320 g Schollenfilet
320 g Heringsfilet
120 g Kartoffeln
80 g Karotten
40 g Pflaumenmus
40 g Stachelbeermarmelade
4 Pflaumen
8 Stachelbeeren
8 g Salz
8 g Pfeffer
160 ml Sahne
800 ml Gemüsefond
120 g Mehl
4 Zitronenscheiben

Zubereitung:

Fisch: Dorsch, Scholle und Hering von Gräten befreien, mit kaltem Wasser abspülen und abtupfen. Auf ein Stück Küchenpapier legen. Die Filets würzen, mehlieren und in Fett goldbraun braten.

Kartoffel-Karottengemüse: Kartoffeln und Karotten schälen, waschen und in kleine Würfel schneiden. Mit etwas Wasser, Salz und Pfeffer in einem Topf 15 Minuten lang kochen.

Pflaumensauce: Die Hälfte des Gemüsefonds und der Sahne zum Kochen bringen und mit etwas Mehl binden. Pflaumen waschen, entsteinen und achteln. Pflaumenmus und Pflaumenstücke unterheben und noch einmal kurz aufkochen lassen.

Stachelbeersauce: Die andere Hälfte des Gemüsefonds und der Sahne zum Kochen bringen und mit Mehl binden. Stachelbeeren waschen und vierteln. Stachelbeermarmelade und Stachelbeerstücke unterheben und noch einmal kurz aufkochen lassen.

Anrichten:

Das Kartoffel-Karottengemüse auf dem oberen Teil des Tellers anrichten, Stachelbeersauce ringsherum verteilen und dann die Fischfilets obenauf setzen und mit einer Zitronenscheibe versehen. Den Rest des Tellers mit der Pflaumensauce übergießen.

Anschrift und Name des Betriebes:

Hotel Marktwirtschaft
Ohrtstraße 1
23769 Fehmarn
Telefon: 04371-864118

Wenn ich einmal reich wär …

Jürgen Vogler

Urlaub. Endlich Urlaub! Heribert atmete tief durch. Das Meer. Blaue Wellen, weiße Segel. Planschende Kinder. Strandkörbe. Bunte Sonnenschirme. Davon hatte Heribert immer geträumt. Jetzt stand er selbst an der Ostseeküste. So wie Oma Adele es beschrieben hatte und genauso, wie es die Urlaubsprospekte versprochen hatten.

Heribert war noch nie in seinem Leben am Meer gewesen. Und es sollte auch nicht irgendein Meer sein. Nein, es musste die Ostsee sein. Und auch nicht irgendwo. Nein, es durfte nur Sierksdorf sein. Jetzt war er hier. Präzise in jenem Ort, in dem Oma Adele, als sie noch jung war, ihr großes Liebesglück gefunden hatte:

„Heribert, wenn du verliebt am Meer stehst, kannst du die Welt umarmen und fühlst dich frei wie die Möwen im Wind.“

Heribert konnte von diesem Ausnahmezustand eines Menschen noch nicht berichten. Obwohl er bereits zweiunddreißig Lebensjahre zählte, war ihm das Kribbeln im Bauch eines Verliebten noch nicht widerfahren. Ob es an seinem Äußeren lag oder eher an seinem zurückhaltenden Wesen, das hatte er selbst noch nicht erforschen können.

Heribert Koslowski maß einen Meter neunzig in der Länge und war dünn. Man könnte auch sagen dürr. Dadurch erschienen seine Bewegungen bisweilen ein wenig ungelenk. Eine spitze Nase, auf der eine schwarze Hornbrille thronte, beherrschte sein blasses Gesicht. Heribert war überaus korrekt. Eine unabweisbare Voraussetzung für seinen Beruf.

Seit nunmehr zwölf Jahren übte er die vertrauensvolle Stellung eines Buchhalters in der Firma Schraub und Nagel in Castrop-Rauxel aus. Genau genommen war er der Assistent des Buchhalters. Stets untadelig gekleidet in gedecktem Anzug mit weißem Hemd und unauffälliger Krawatte. Wer gemein sein wollte, der würde Heribert als graue Maus bezeichnen.

Doch jetzt stand Heribert am Meer. Drei Jahre hatte er für diese Reise gespart und sich bewusst das Hotel Hof Sierksdorf ausgesucht. Direkt am Strand. Einen Steinwurf von der Ostsee entfernt. Gleich nach seiner Ankunft am späten Nachmittag hatte Heribert sein Hotel-Appartement im ersten Stock bezogen. Natürlich mit Meerblick.

Beim Abendessen im hoteleigenen Restaurant entschied sich Heribert für „Smutjes Leibgericht“ mit Klößchen von Ostseefischen, Crevetten in Weißweinsoße und gebackenem Gemüse-Reistimbal. Dazu ein Schoppen Niersteiner Spiegelberg, jenen milden Silvaner, der den

Fisch auf delikate Weise schwimmen ließ.

Heribert war rundherum zufrieden und entschloss sich, seinen ersten Ostseeurlaubsabend mit einem kleinen Spaziergang abzuschließen. Er verließ das Hotel bei immer noch sommerlichen Temperaturen und verzichtete daher in ausgelassener Urlaubsstimmung sogar auf sein Anzugjackett und seine Krawatte.

Auf seinem Weg entlang der Küstenstraße kam er sehr bald an eine der kleinen Treppen, die ein müheloses Überqueren der betonierten Uferbefestigung ermöglichte. Er nahm die wenigen Stufen mit federnden Schritten und setzte sich auf eine nahe stehende Bank. Erst zweifelnd, doch dann immer mutiger entschloss er sich, schon heute einmal die hautnahe Bekanntschaft mit dem Meer zu machen. Zielstrebig zog er sich Schuhe und Strümpfe aus und krempelte seine Hosen hoch, um dann durch den immer noch warmen Sand zum Wasser zu schreiten.

„Welch ein Gefühl“, atmete Heribert befreit durch und ließ seinen Blick über das Meer bis zum Horizont schweifen.

„Verfluchter Mist!“, entfuhr es ihm, als er urplötzlich stolperte und nur mit wild rudernden Armen einen Sturz in den Sand verhindern konnte. Dabei flogen seine Schuhe im hohen Bogen durch die Luft. Heribert drehte sich wütend um und suchte nach dem Stein des

Anstoßes.

„Es ist doch nicht zu fassen, was die Leute alles wegwerfen“, murmelte er entrüstet vor sich hin, als er einen braunen Gegenstand entdeckte, der halb aus dem Sand herausragte und zweifelsfrei die Ursache für sein Straucheln gewesen war. Heribert trat näher.

„Eine Tasche“, staunte er verwundert. Er bückte sich, ergriff das Fundstück und betrachtete es neugierig.

Es war eine braune, schon ein wenig abgegriffene, prall gefüllte Kollegtasche aus Leder mit Reißverschluss. Heribert öffnete die Tasche. Ihm blieb fast das Herz stehen. Ungläubig starrte er auf den Inhalt. Mit fliegenden Händen nestelte er an der kleinen Lasche für den Reißverschluss, um sie hektisch wieder zu schließen.

Heriberts Kopf flog von rechts nach links. Doch es war keine Menschenseele in der Nähe. Lediglich ein eng umschlungenes Paar hundert Meter weiter, das ausschließlich mit sich selbst beschäftigt war, konnte er entdecken. Sein Herz schlug rasend bis zum Hals. In der Tasche war Geld. Viel Geld.

Was sollte er tun? Sie einfach wieder hinlegen und fortgehen, als hätte er sie nie gesehen? Wer vergisst eine Tasche mit so viel Geld einfach so am Strand? Kann man so etwas überhaupt verlieren? Heribert fasste einen Entschluss. Es handelte sich um eine herrenlose Fundsache, die seinem rechtmäßigen Besitzer wieder zugeführt werden musste. Eilig sammelte er seine Schuhe ein, in dem Bewusstsein, dass sein erstes Fußbad im Meer heute im Sande verlaufen würde. Zielstrebig ging er zurück zur Bank, setzte sich und zog seine Strümpfe und Schuhe wieder an. Wobei es ihn entgegen seiner peniblen Natur noch nicht einmal zu stören schien, dass seine Füße nicht sandfrei waren, bevor er in die Socken schlüpfte. Heribert war beunruhigt.

Wie viel Geld mochte in der Tasche sein? Eines war sicher, er durfte nicht auffallen. Er musste sich wie ein ganz normaler Urlauber verhalten. Entspannt und gelassen. Geradezu langsam erhob Heribert sich von der Bank und nahm dabei wie selbstverständlich auch die Tasche in die Hand. Im gemächlichen Spazierschritt näherte er sich wieder dem Hotel Hof Sierksdorf. An der Rezeption ohne Störung angekommen, verlangte er nach seinem Zimmerschlüssel.

„Na, Herr Koslowski, hat Ihnen Ihr erster Ausflug ans Meer gefallen?“

Heribert fuhr erschrocken herum. Vor ihm stand der Besitzer des Hotels und lächelte ihn freundlich an.

„Ja, doch ja. Vielen Dank. Ja doch“, stotterte Heribert mit zitteriger Stimme.

„Es war sicherlich ein anstrengender Tag für Sie. Ich wünsche Ihnen eine ruhige und angenehme Nacht, Herr Koslowski. Übrigens, morgen soll es auch wieder ein herrlicher Sommertag werden“, verabschiedete sich der Hotelbesitzer immer noch freundlich lächelnd von Heribert.

„Danke, ja, vielen Dank“, bemühte sich Heribert, schnellstens der Nähe des Hoteldirektors zu entfliehen. Mit wackeligen Beinen erklomm er die Treppe in den ersten Stock, die Tasche krampfhaft mit der Linken an seine Seite gedrückt. Zwei Mal fiel ihm der Schlüssel aus der Hand, bevor er endlich die Hotelzimmertür geöffnet hatte. Hastig zog er sie hinter sich zu und verschloss sie sogleich wieder von innen.

Er zögerte nur kurz. Mit fliegenden Händen zerrte er am Reißverschluss der Tasche und schüttete das Geld auf das Bett.

„Ich glaub es nicht, ich glaub es einfach nicht“, stammelte Heribert vor sich hin. Vor ihm lagen 50-, 100-, 200- und 500-Euroscheine bunt durcheinander, manche von ihnen sogar noch gebündelt. Heribert begann zu zählen. Erst die großen Scheine, dann die kleineren. Er bildete Haufen um Haufen.

Heribert konnte es nicht fassen. 85.650 Euro lagen vor ihm.

Doch was nun?

Einem ehrlichen Finder stand auch ein angemessener Finderlohn zu. Waren es zehn Prozent? Oder doch nur ein Prozent? Oder drei? Oder fünf? Heribert wusste es nicht. Und was wäre, wenn der Besitzer bei der Rückgabe behaupten würde, dass nicht 85.650 Euro in der Tasche gewesen waren, sondern gar 150.000? Dann müsste Heribert sich noch für seine gute Tat rechtfertigen und käme selbst in Misskredit.

Und was wäre, wenn er das ganze Geld einfach behalten würde? Heribert spürte ein unruhiges Kribbeln am ganzen Körper. Von einem Flachbildschirm hatte er doch

schon lange geträumt. Auch vor der Espresso-Maschine, unter die man zwei Tassen stellen konnte, war er öfter schon einmal stehen geblieben. Vielleicht könnte er sich es dann sogar auch einmal leisten, Fräulein Herzsprung aus der Spedition zum Abendessen bei Wein und Kerzenschein einzuladen. Heribert war hin- und hergerissen. Schlafen, er musste darüber schlafen. Gute Entscheidungen mussten überschlafen werden.

Heribert erwachte am nächsten Morgen schweißgebadet und fühlte sich wie gerädert. In wirren Träumen hatten junge Frauen mit seinem Geld um sich geworfen

und brutale Gangster versucht, ihm sein Geld abzujagen. Heribert wusch sich, kleidete sich an, verstaute die Geldtasche in seinem Koffer und machte sich auf den Weg in den Frühstücksraum.

Auf dem Tischchen neben dem Frühstücksbüfett sprangen ihm die Lettern des Ostholsteiner Anzeigers entgegen: „Bewaffneter Banküberfall in Neustadt“. Ein dunkelhaariger untersetzter Räuber mit einem schlanken blonden Komplizen hatte am gestrigen Morgen die Commerzbank in Neustadt beraubt. Die Beute belief sich nach ersten Schätzungen auf rund 90.000 Euro. Die Täter konnten unerkannt in einem grünen PKW Richtung Sierksdorf entkommen.

Heribert verspürte plötzlich ein unerklärliches mulmiges Gefühl in seiner Magengegend. Eilig begab er sich auf seinen Platz.

Konnte in der Tasche womöglich ein Teil der Beute aus dem Bankraub sein? Bedrohliche Gewitterwolken brauten sich vor Heriberts geistigem Auge zusammen. Und wenn ja, was würden die Bankräuber anstellen, um das Geld wiederzubekommen? Verstohlen versuchte Heribert, seine feuchten Hände mit der Serviette trokken zu reiben.

Es war nicht auszuschließen, dass die Bankräuber als Feriengäste in einem Hotel in Sierksdorf wohnten und von hier aus zu ihrem Überfall gestartet waren. Wohnten sie vielleicht sogar in seinem Hotel?

Die Frage der freundlichen Bedienung, ob er Tee oder Kaffee zum Frühstück wolle, beantwortete er automatisch. Zu sehr war er damit beschäftigt, sich auszumalen, auf welche Weise die Gangster vorgehen würden, um wieder an ihre Beute zu kommen.

Ein peitschender Knall zerriss seine Gedankenwelt. Wie vom Blitz getroffen rutschte Heribert von seinem Stuhl und ging unter dem Tisch in Deckung. Dabei stieß er das Glas mit Orangensaft um, das jetzt kleckernd seinen Rücken benetzte.

„Sie scheinen wirklich urlaubsreif zu sein, Herr Koslowski“, kam der Hoteldirektor auf Heribert zu und zog ihn behutsam wieder unter dem Tisch hervor, während die junge Bedienung versuchte, den Orangensaftschaden so gut wie möglich zu beheben.

„Das war lediglich die Fehlzündung eines Motorrades, Herr Koslowski, kein Grund zur Beunruhigung“, dabei klopfte er Heribert beruhigend und freundlich lächelnd auf die Schulter.

„Hätte ich bloß diese Tasche nicht gefunden“, machte sich Heribert selbst Vorwürfe. Er saß in der Patsche.

Eine weitere Gefahr zog vor Heriberts geistigem Auge wie eine Gewitterfront auf. Wenn er nicht sehr bald die Tasche abgeben würde, könnten sie ihn auch noch wegen Fundunterschlagung herankriegen. Dann wäre er vorbestraft, und sein Job als Assistent des Buchhalters wäre futsch.

Heribert wusste nicht, ob seine schlotternden Beine ihn gefahrlos zum Frühstücksbüfett tragen würden, deshalb schenkte er sich eine zweite Tasse Kaffee ein und schüttete die Hälfte vor Schreck daneben, als er aus dem Fenster blickte und sah, wie ein silber-blauer Streifenwagen die Küstenstraße in hoher Geschwindigkeit herangerauscht kam und mit quietschenden Reifen vor dem Hotel bremste. Ein Polizeibeamter sprang heraus und kam mit der Hand an der Pistole in das Hotel gelaufen.

Am Eingang des Frühstücksraums blieb er stehen und sprach mit der Bedienung. Das Mädchen zeigte in seine Richtung. Heribert konnte nicht mehr atmen. Der Polizist steuerte forschen Schrittes auf ihn zu. Heribert wusste, dass er verloren hatte. Aus der Traum vom großen Geld. Starr geradeaus blickend blieb er sitzen und hob die Hände, um sich zu ergeben. Doch der Polizeibeamte beachtete ihn gar nicht, sondern eilte an seinem Tisch vorbei und reichte dem Mann am Nebentisch eine Brieftasche mit den Worten: „Bitte schön, Herr Müller-Hartmann, sie ist gefunden worden. Ich bin in Eile, wir fahnden immer noch nach den Bankräubern."

Heribert senkte schnell die Arme, versuchte sich zu beruhigen.

Der Polizeiwagen war schon vor einer ganzen Weile

abgefahren, bis sich Heribert ganz langsam zum Frühstücksbüfett traute. Als er sich mit Lachs und Rührei auf dem Teller wieder zu seinem Einzeltisch begab, hörte er hinter einem Pfeiler geflüsterte Wortfetzen: „Tasche“, „heute noch“, „ich habe einen Verdacht“.

Heribert stolperte zügig zu seinem Platz, konnte sich dabei aber einen Blick hinter den Pfeiler nicht verkneifen. Zwei Männer saßen dort. Einer hatte schwarze Haare und wirkte untersetzt, der andere war schlank und blond. Heribert brach der Schweiß aus. Wie lautete noch die Täterbeschreibung der Bankräuber in der Zeitung? Er konnte keinen Bissen herunterkriegen. Eines stand fest. Sie waren ihm auf der Spur. Er musste handeln.

Heribert ließ alles stehen und liegen und eilte aus dem Frühstücksraum. Es gab nur eine Lösung. Das Geld musste zur Polizei, bevor die Gangster ihn erwischen würden. Sie waren bewaffnet, wie es in der Zeitung stand. Die würden nicht lange fackeln.

Heribert stürzte ins Hotelzimmer, holte die Kollegtasche aus seinem Koffer und suchte nach einer Plastiktüte. Wenn sie ihn mit der Tasche ertappen würden, wäre es aus mit ihm. Vorsichtig blickte er aus dem Zimmer und schlich den leeren Flur entlang. An der Rezeption schreckte Heribert zurück. Die beiden von dem Pfeilertisch standen vor dem Hoteleingang. Wo sollte er hin?

Heribert kehrte um und folgte den grünen Notausgangszeichen. Über eine Hintertür gelangte er auf den Hotelparkplatz, wo auch in zweiter Reihe sein alter dunkelgrüner Polo stand. Mit langen Schritten hetzte er über den Asphalt, sprang ins Auto und ließ den Motor an. Mit Entsetzen sah er im Rückspiegel, wie der schwarzhaarig Untersetzte und der lange Blonde ebenfalls in ein Auto stiegen.

Heribert trat das Gaspedal durch.

Ostholsteiner Anzeiger:

Polizei fasst Bankräuber

Neustadt

Am gestrigen Dienstag konnte die Polizei einen achtbaren Fahndungserfolg verzeichnen. Bei einer Verkehrskontrolle kurz vor Neustadt nahmen die Beamten einen 32-jährigen Buchhalter aus Castrop-Rauxel fest, der mit einem grünen Polo unterwegs war. Der Mann war der Polizei durch überhöhte Geschwindigkeit aufgefallen. Bei der Durchsuchung des Fahrzeuges wurde ein Geldbetrag in Höhe von mehr als 85.000 Euro sichergestellt. Die Polizei geht davon aus, dass es sich um die Beute aus dem Banküberfall handelt. Der Verdächtige konnte zur Tat noch keine Angaben machen, da er bei der Festnahme einen Nervenzusammenbruch erlitten hat.

Smutjes Leibgericht

Klößchen von Ostseefischen mit Crevetten in Weißwein-sauce und gebackenem Gemüse-Reistimbal

Zutaten für 4 Personen:

250 g Schollenfilet
250 g Dorschfilet
250 g Lachsfilet
100 ml Sahne
300 g Reis
300 g Dauphinemasse (passierte Kartoffeln mit Brand-masse)
10 g Butter
60 ml Wasser
30 g Mehl
1 kleines Ei
100 g Sellerie
100 g Karotten
100 g Lauch
1-3 Timbale
1000 g Frittierfett
80 ml Weißwein
240 ml Fischfond
160 ml Sahne
14 g Speisestärke
30 g Crevetten

gemischte frische Kräuter nach Wahl
Lorbeer, Wacholder, Salz, Pfeffer

Zubereitung:

Aus Scholle, Dorsch, Lachs und Sahne mit einem Cutter (alternativ: Fleischwolf) eine Farce (Füllung) herstellen. Mit Salz und Pfeffer würzen. Aus der entstandenen Masse Klößchen formen und in mit Lorbeer und Wacholder gewürztem Salzwasser garziehen lassen.

Dauphinemasse: 300 g Kartoffeln schälen, kochen und passieren. Für die Brandmasse das Wasser in einem Topf zum Kochen bringen. Das gesiebte Mehl auf einmal in die kochende Flüssigkeit geben. Den Topf auf dem Herd lassen und kräftig rühren, bis die Masse glatt wird und sich auf dem Topfboden ein weißer Belag bildet. Die abgebrannte Masse etwas abkühlen lassen und das Ei unterheben. Die passierten Kartoffeln unterheben und mit Muskatnuss und Salz würzen.

Den Reis kochen. Sellerie, Karotten und Lauch in kleine Würfel schneiden, blanchieren und mit dem gekochten Reis und der Dauphinemasse vermengen. Die Masse portionsweise in geölte Timbale (alternativ: Espressotasse) füllen und stürzen. Anschließend im heißen Fett (170 Grad) frittieren.

Sahne und Fischfond (von den Klößchen) aufkochen. Mit der Stärke binden. Mit Salz und Pfeffer abschmecken.

Zum Schluss die Crevetten zugeben.

Anrichten:

Den Reistimbal am oberen Rand eines Tellers platzieren. Darunter 3 Klößchen arrangieren und mit der Weißwein-Crevettensauce überziehen. Mit frisch gezupften Kräutern garnieren.

Name und Anschrift des Betriebes:

Hotel Restaurant Hof Sierksdorf
Am Strande 32
23730 Sierksdorf
Telefon: 04563-8884
www.hofsierksdorf.de

Op ewig ungedeelt

Dorothea Kiausch

Zu Beginn ihres Ruhestandes war ein Lebenstraum in Erfüllung gegangen. Sie waren endlich an die Ostsee gezogen. In den letzten Jahren ihres Berufslebens hatten Helga und Hans in mehreren kleinen Kurorten an der Lübecker Bucht Urlaub gemacht und waren durch einen Zufall auf dieses schöne Apartment in Kellenhusen gestoßen. Sofort waren sie sich einig: Das war es, was sie die ganze Zeit gesucht hatten! Dafür hatte sich die jahrzehntelange Sparerei gelohnt!

Mit viel Liebe zum Detail hatten sie ihre kleine Wohnung renoviert, sie neu eingerichtet und mit Erinnerungen aus ihrem gemeinsamen Leben geschmückt. „So kann es bleiben", sagte Helga, und Hans fügte hinzu: „Bis dass der Tod uns scheidet", denn er ließ niemals etwas unvollendet im Raum stehen. Ja, was sonst sollte sie trennen – schließlich waren sie schon seit vierzig Jahren verheiratet. Nach einer so langen Zeit kannten sie sich ja nun wirklich, dachten sie beide.

Dachten sie und vergaßen dabei, dass sie sich in all den Ehejahren jeden Morgen nach dem Frühstück getrennt hatten. Und nun begann ein nicht enden wollendes Beisammensein in immer gleicher Umgebung. Geld für Reisen war nicht übrig geblieben, sie hatten alles in die Wohnung gesteckt. Wohin sollten sie auch fahren!? Sie wohnten doch da, wo andere Leute Urlaub machten.

In den ersten Monaten genossen sie die Ruhe der immer währenden Ferien. Sie schliefen bis acht Uhr, lasen die Zeitung und unternahmen dann an jedem Tag und bei jedem Wetter einen gemeinsamen Spaziergang. Aber es war genau diese Regelmäßigkeit, die den ewigen Urlaub schleichend und unbemerkt zum Alltag werden ließ. Da es keine Reisepläne mehr gab und sie das Alltägliche gemeinsam erlebten, ging ihnen mit der Zeit der Gesprächsstoff aus.

Helga gewöhnte sich an, immer einige Schritte hinter Hans herzugehen, sobald sie am Strand angekommen waren. Sie bückte sich nach schönen Steinen, nahm aber niemals eines der kleinen Fundstücke mit nach Hause, sondern umschloss einen kühlen Stein, dessen feuchter Glanz ihre Aufmerksamkeit geweckt hatte, mit beiden Händen, bis er ihre Wärme angenommen und dafür seinen Glanz eingebüßt hatte, dann legte sie ihn behutsam wieder zurück in den Sand.

Gereizt durch diese Trödelei beschleunigte Hans sein Tempo. Er war glücklich, wenn er die sieben Kilometer des Morgenspaziergangs in möglichst kurzer Zeit zurückgelegt hatte. Er legte schließlich Wert auf Bewegung. Zügig strebte er das tägliche Ziel am Ende der Prome-

nade an, tippte dort kurz mit dem Fuß gegen einen riesigen Findling und machte mit einer zackigen Bewegung auf dem Absatz kehrt. Wenn er auf dem Rückweg seiner Frau begegnete, nickte er ihr kurz zu und setzte den Heimweg fort, ohne ein Wort mit ihr zu wechseln.

Im Spätsommer schlug Helga zum ersten Mal einen Weg ein, der von der täglichen Strecke parallel zum Ufer in einem scharfen Winkel abbog. Er führte zuerst an Feldern und Knicks entlang Richtung Leuchtturm und mündete dann in den Radweg von Grömitz nach Dahme. Sie kam an einem Gasthaus vorbei, dann an einem Ferienhof mit weiß getünchten Mauern und einem neu gedeckten Reetdach. Hier gabelte sich der Radweg. Helga wählte die Abzweigung nach Kellenhusen und kam fast zur gleichen Zeit wie Hans zu Hause an.

Aber als die Brombeeren reif wurden, änderte sich der gemeinsame Rhythmus. Helga verschob die Zeit, die sie für die Morgenzeitung benötigte, auf den frühen Nachmittag und bereitete gleich nach dem Frühstück das Mittagessen vor, damit sie die reifen Beeren in aller

Ruhe pflücken konnte. Irgendwie hatte sie das Gefühl, ihre Sammelleidenschaft verteidigen zu müssen, aber als sie Hans unaufgefordert erklärte, die köstliche Marmelade, die sie dann am Nachmittag kochen würde, sei schließlich auch für ihn ein Genuss, murrte er unwillig: „Ich kann den Geruch schon nicht ertragen, und essen würde ich diese Marmelade, bei der einem jedes Körnchen zwischen den Zähnen stecken bleibt, schon gar nicht!“

Helga ließ sich von der schlechten Laune ihres Mannes nicht beirren und versprach, nicht später „als fünf Minuten vor zwölf“ nach Hause zu kommen.

Hans konnte sich ohnehin nicht vorstellen, dass sich diese Bummelei noch weiter ausdehnen ließ. Aber Helga traf inzwischen auf ihrem Weg Leute, die auch Beeren sammelten und ihr mit zunehmender Bekanntschaft so vertrauten, dass sie ihr manche geheime Stelle verrieten. Dieser Verführung konnte Helga nicht widerstehen, und so zeigte an einem besonders schönen Septembertag die Küchenuhr tatsächlich dreizehn Uhr an, als sie die Tür öffnete. Hans hatte die vorbereiteten Kartoffeln und das Gemüse aufgesetzt und die Frikadellen brutzelten bereits in der Pfanne.

Zufrieden mit ihrer erfolgreichen Ernte begrüßte ihn Helga: „Mich gibt’s auch noch!“, rief sie fröhlich in den Raum.

Mit diesem Schwall guter Laune, der ihn da überflutete, war Hans überfordert. „Ja“, entgegnete er gereizt, „aber wozu?“ Verärgert setzte er sich an den gedeckten Tisch und wartete, dass sie das Essen auftrug. Es wurde ein „sprachloses“ Mittagessen, beim Kaffee versteckte sich Helga hinter der Tageszeitung, und am Abend übernahm der Fernseher die Unterhaltung.

Nach einer schlaflosen Nacht und einem stummen Frühstück begleitete Helga ihren Mann zur Tür und beantwortete ihm seine Frage vom Vortag, als hätte er sie eben erst gestellt:

„Ich weiß schon seit einer ganzen Weile nicht mehr, wozu es mich gibt“, sagte sie freundlich, „ich habe aber immer geglaubt, wenigstens du wüsstest es.“

Als er nur konzentriert den Reißverschluss seiner Jacke hochzog und sich dann von ihr abwandte, fügte sie noch hinzu: „Die ganze Nacht habe ich versucht, eine Antwort auf deine Frage zu finden – es ist mir nicht gelungen.“ Dann schloss sie die Tür.

Als Hans nach Hause kam, roch es nach Mittagessen. Der „Spiegel“ war mit der Post gekommen und lag neben seinem Teller. Aber Helgas Gedeck fehlte.

Es fehlte am nächsten Tag, und auch in den nächsten Wochen und Monaten. Eigenartigerweise vermisste Hans seine Frau nicht wirklich, eigentlich nur mittags, wenn es nicht nach Essen roch, wenn er nach Hause kam

und er für sich allein den Tisch deckte.

Nach einem Beitrag im Schleswig-Holstein-Magazin über die Ostholsteinische Knicklandschaft änderte Hans die tägliche Spazierstrecke. Er genoss zwar weiterhin den Weg am Ufer entlang, drehte aber am Ende der Promenade nicht um, sondern bog in den Feldweg Richtung Dahmeshöved ab. An der Kreuzung zum Leuchtturm folgte er dann dem Radweg zwischen Feldern und Knicks. Nach und nach begeisterte er sich für diese abwechslungsreiche Strecke und lief sie nun jeden Tag.

Mit der Zeit gewöhnte er sich auch daran, dass er für sich selbst kochen musste. Nur an Sonn- und Feiertagen ließ er sich gerne in einem der vielen Restaurants verwöhnen; schließlich hatte er seit Helgas unerklärlichem Weggang doch etwas mehr Geld zur Verfügung.

Er fragte sich zwar manchmal, wie sie wohl mit ihrer kleinen Rente auskam, fand es aber andererseits nur gerecht, wenn ihm seine Rente jetzt allein zur Verfügung stand.

Heute gönnte er sich eine Mahlzeit im Restaurant und Café Vogelsang. „Lam(m)penfieber" hatte der Koch seine Kreation getauft. Auf der Karte stand: Hüfte vom Salzwiesenlamm mit Backpflaumen-Pfeffersoße, dazu Kartoffel-Speckrouladen und Bohnen.

Das klang so verführerisch, dass ihm das Wasser im

Mund zusammenlief. Das Restaurant hatte seinen Preis zu Recht erhalten, und so kehrte Hans regelmäßig im Restaurant Vogelsang ein. Inzwischen hatte er auch die köstlichen Flammkuchen für sich entdeckt, die er niemals für sich allein zubereitet hätte.

Es war wieder Spätsommer geworden. Hans hatte wegen einer Thrombose im Krankenhaus gelegen und sich bald so gut erholt, dass er beschloss, wieder einmal seinen Rundgang zu wagen und sich bei den „Vogelsängern“, wie er die Wirtsleute insgeheim nannte, den angepriesenen „gigantischen Windbeutel“ und einen Kaffee zu genehmigen.

Er hatte kaum Platz genommen, da überraschte ihn aus dem Nebenzimmer die Stimme seiner Frau: „Doch, Elise, ich kenne diese Gegend gut. Ich habe doch schon zwei Jahre mit meinem Mann in Kellenhusen gewohnt. Nein, ich denke nicht, dass ich ihm begegnen werde. Er hasst es, wegen einer Tasse Kaffee irgendwo einzukehren. Er geht jeden Vormittag immer zur gleichen Zeit immer die gleiche Strecke, nachmittags werden wichtige Dinge erledigt, und dann liest er bis zum Abendbrot. Nein, es ist ausgeschlossen, dass wir uns treffen. Ich habe für diese eine Woche eine nette kleine Ferienwohnung in Dahme gefunden und werde die Zeit an der Ostsee genießen. – Was ich mache, seitdem ich ihn verlassen habe?“

Hans war gespannt auf die Antwort. Diese Frage hätte er zu gerne selbst gestellt. Offensichtlich, und zum Glück für Hans, war die neue Freundin schwerhörig.

Seine Frau sprach deutlich und akzentuiert: „Ich habe sehr bald durch eine Zeitungsannonce eine ältere Dame gefunden, die eine Gesellschafterin für sich und eine Betreuung für ihren Hund suchte. Wir kommen sehr gut miteinander aus. Eigentlich habe ich ein Zuhause gefunden, wo meine Fürsorge anerkannt wird. – Ach ja, der Hund“, sie neigte sich zur Seite und streichelte liebevoll über das graue Fell eines Rüden, für dessen Entstehung sich wohl irgendwann einmal ein Zwergschnauzer und ein Pudel zusammengetan hatten.

Dann atmete sie einmal tief durch und ergänzte ihren Stoßseufzer: „Wenn dem Hund einmal etwas zustieße, es würde mir das Herz brechen.“

Elise war dem Gedankengang nicht ganz gefolgt und versuchte noch immer nachzuvollziehen, was diese lang andauernde Ehe hatte zerbrechen lassen. Das Argument der fehlenden Anerkennung schien ihr nicht so gravierend wie die Eintönigkeit, die sich mit dem Ruhestand eingeschlichen hatte: „Aber du machst doch auch nichts anderes, als jeden Tag die gleiche Runde zu drehen“, gab sie zu bedenken.

Hans frohlockte schon in der Erwartung eines Zuge-

ständnisses – ihn hatte seine Frau verlassen, weil er so langweilig war, und selbst? –

Selbst hatte sie leider eine plausible Erklärung: „Es ist wegen Felix, er hat sich an der Pfote verletzt, aber diesen Weg kann er mit einer kleinen Kaffeepause gut schaffen. Außerdem gibt es unterwegs genügend Ruhebänke, und wir machen auf jeder eine kurze Rast."

Ja, was denn nun – fehlende Anerkennung oder Langeweile? Hans wurde aus seiner Frau nicht klug. Fürsorglich war sie, das musste er zugeben, aber gleichzeitig war er überzeugt, dass ein älterer Mann, der gerade aus dem Krankenhaus kam, erheblich wichtiger war als diese Promenadenmischung.

Dass Helga von seiner Krankheit gar nicht wissen konnte, war bei seinen Überlegungen zweitrangig. Diese übertriebene Zuwendung zu einem so hässlichen Hund ließ keine logische Überlegung zu. „Es würde ihr das Herz brechen? Dass ich nicht lache ...", murmelte er auf dem Heimweg und konnte an nichts anderes denken, „... das Herz brechen! – Wenn dem Hund etwas zustößt!"

Nach dem Abendbrot breitete Hans seine Medikamente auf dem Tisch aus und sortierte sie für die kommende Woche in einen Tablettenspender. Ah, die Marcumar-Tabletten reichten nicht mehr. Er nahm den Beipackzettel heraus und legte ihn zur Erinnerung auf den Schreibtisch. *Marcumar!*, schoss es ihm durch den Kopf, da hatte er doch vor Jahren etwas Interessantes gelesen. Nicht von ungefähr nahm er selbst diese Tabletten mit großem Vorbehalt ein. Oder hatte das jemand erzählt? – Egal, in jedem Fall war ein Marcumar-Patient an inneren Blutungen gestorben. Nach einem Sturz? – Das ließ sich schlecht organisieren. Aber wenn er eine Tablette ASS zusätzlich …?

Hans rotierte in seinem Gedankenkarussell. Eigentlich war alles ganz einfach und er hatte eine komplette Woche zur Verfügung. Er musste nur täglich auf Helgas Spazierstrecke immer neben der gleichen Bank ein kleines Stückchen Leberwurstbrot auslegen.

Alle Hunde waren gierige Leberwurstfresser, und so würde auch dieser Pudelschnauzer nicht lange herumschnuppern, sondern den duftenden Happen ohne zu kauen und mit Heißhunger runterschlucken. Zwei kleine Tabletten würde er nicht bemerken. Um sicherzugehen, rief Hans noch seinen Hausarzt an und klagte über Kopfschmerzen.

„Ich habe ASS im Haus, das hilft doch auch gegen

Schmerzen ...!? – Nein? Auf keinen Fall, sagen Sie? – Ah, der Magen, na, so schlimm wird's nicht gleich sein. Danke, Herr Doktor, ja, die hole ich mir aus der Apotheke, rezeptfrei, ja, das habe ich verstanden. Auf Wiederhören und noch einmal danke für Ihren Rat."

Hans legte den Hörer auf. Er hatte mit diesem aggressiven ASS recht gehabt. Bei einem so kleinen Hund würden die Tabletten nach kurzer Zeit Magenbluten verursachen, und das würde dem Köter tatsächlich und seinem Frauchen im übertragenen Sinn das Herz brechen.

Gleich am nächsten Morgen kaufte er eine Schachtel ASS und ein sehr intensiv duftendes Stück Leberwurst. Dann bereitete er kleine giftige Häppchen vor und machte sich auf den Weg.

Spätsommer, Altweibersommer, in den Knicks beugten sich die Brombeerranken unter ihrer Last bis zum Boden. Seine frühere Frau würde sicher ein paar Gläser selbstgemachter Marmelade aus dem Urlaub mitbringen wollen und deshalb garantiert diesen Weg weiterhin täglich gehen.

Seine frühere Frau? – Bisher war er überzeugt gewesen, dass Helga irgendwann – und sei es notgedrungen – zu ihm zurückkehren würde. Aber seitdem dieser perfide Plan in ihm immer mehr Gestalt annahm, glaubte er nicht mehr daran.

Montag, Dienstag, Mittwoch, Donnerstag, Freitag.

Fünf Tage lang Leberwurstbrocken an der Bank neben der scharfen Biegung Richtung Leuchtturm auslegen, dafür musste zwar der Mittagschlaf gekürzt werden, aber das war es ihm wert. Allein schon die Vorstellung, die da vor seinem inneren Auge ablief, war eine Genugtuung für sein gekränktes, verbittertes Altmännerherz.

Die Ausführung seines Plans wurde im Vergleich zu der aufregenden Vorbereitung fast zur Nebensache. Und dass er nie erfahren würde, ob er wirklich gelungen war, wurde ihm gleichgültig.

Hans kehrte nie wieder im Restaurant Vogelsang ein. Er lief wie früher bis zum Ende der Promenade, tippte gegen das gesteckte Ziel und trat den Rückweg an. Manchmal kaufte er sich auf dem Heimweg ein Stück Kuchen. Am Ende der Herbstferien, kurz bevor die letzten Gäste Kellenhusen verließen, fiel sein Blick auf ein Lebkuchenherz, das zwischen essbaren Leuchttürmen und Marzipan-Seehunden an einem Ständer hing. „Schleswig-Holstein“ war mit Zuckerguss über die obere Hälfte gemalt, und darunter stand „Op ewig ungedeelt.“

Hans kaufte das Herz
und brach es
entzwei.

Lam(m)penfieber (Sieger des Ostseegerichts 2010)

Hüfte vom Salzwiesenlamm mit Backpflaumen-Pfeffersauce, dazu Kartoffel-Speckrouladen und Bohnen

Zutaten für 4 Personen:

800 g Lammhüfte
500 g mehligkochende Kartoffeln
10 Scheiben Katenspeck
150 g Speisestärke
3 Eigelb
200 g Bohnen
80 g Butter
40 g Backpflaumen
40 g Zwiebeln
40 g Möhren
40 g Sellerie
20 g Tomatenmark
80 ml Rotwein
200 g Lammknochen
Salz, schwarzer Pfeffer, Muskat, Knoblauch, Rosmarin, Thymian, Lorbeer

Zubereitung:

Kartoffelroulade: Die Kartoffeln kochen und ausdämpfen lassen, danach durch eine Presse drücken. Das Eigelb und die Stärke einarbeiten und mit Salz, Pfeffer und Muskat würzen. Den Teig auf Klarsichtfolie ausrollen und mit dem in Scheiben geschnittenen Speck belegen. Das Ganze zu einer Roulade aufrollen und in Alufolie fest eindrehen. Im Wasserbad oder Kombidämpfer ca. 20 Minuten pochieren. Die Roulade auswickeln, in Scheiben schneiden und in Butter goldgelb braten.

Backpflaumensauce: Möhren, Sellerie und Zwiebeln in walnussgroße Stücke schneiden. Die Lammknochen anbraten, das Gemüse dazugeben und kurz mitbraten lassen. Tomatenmark einrühren und mit Wasser ablöschen, glasieren lassen und Rotwein zugeben, nochmals glasieren lassen. Mit Wasser auffüllen, Knoblauch, Rosmarin, Lorbeer und Thymian zugeben. Zwei Stunden köcheln lassen. Die Sauce durch ein Tuch passieren. Die Backpflaumen in Streifen schneiden, mit Zwiebelwürfeln anschwitzen und mit der Sauce aufgießen. Mit schwarzem Pfeffer und Salz abschmecken. Eventuell mit etwas Speisestärke nachbinden.

Die Bohnen putzen und in Salzwasser blanchieren, in Butter anschwitzen und mit Muskat abschmecken.

Die schiere Lammhüfte würzen und allseitig anbraten. Im vorgeheizten Ofen bei 180 °C (Umluft) ca. 12 Minuten

garen. Das Fleisch 5 Minuten an einem warmen Ort ruhen lassen.

Anrichten:
Kartoffelroulade und Bohnen nach Belieben anrichten und mit der in Tranchen geschnittenen Lammhüfte versehen. Mit der Sauce nappieren (überziehen).

Anschrift und Name des Betriebes:
Restaurant Vogelsang
Vogelsang
23746 Kellenhusen
Telefon: 04364-9461
www.restaurant-vogelsang.de

Ich will auf die Eins

Brigitte Arms

„Tossi“, sagte Carsten Hüter, „reg dich doch nicht so auf. Nichts ist so alt wie die Meldung von gestern.“

Dabei polierte er liebevoll den kleinen Salonwagen für seine Spielzeug-Eisenbahn, den er gerade im Internet ersteigert hatte. Torsten Rellek verdrehte die Augen. „Tossi“ nannte ihn wirklich nur noch Carsten, ein Relikt aus längst vergangenen Zeiten. Sie waren zusammen eingeschult worden und seitdem dicke Freunde, wenn auch ihre Lebenswege inzwischen ganz unterschiedlich verliefen.

Carsten war der Schule sozusagen treu geblieben, als recht zufriedener Hausmeister einer Grundschule. Er liebte Kinder, hatte stets für die Kleinen ein offenes Ohr und beeindruckte sie durch sein sagenhaftes handwerkliches Geschick. Als Vater von zwei Zwillingspärchen im Kindergarten- und Vorschulalter konnte ihn so leicht nichts erschüttern.

Torsten Rellek hatte Karriere bei der Polizei gemacht und war inzwischen der jüngste Dienststellenleiter eines Sondereinsatzkommandos in der Lübecker Bucht. Einen Acht-Stunden-Tag kannte er nicht. Trotzdem nahm er sich gerne immer wieder ein Stündchen Zeit für seinen besten Freund. In dessen Hobbykeller mit der großen

Eisenbahnanlage konnte er sich bestens entspannen. Da war er eben „Tossi“, er musste nicht auf jedes Wort achten, das er sagte und nicht darauf, wie er es sagte.

„Du hast ja recht“, antwortete er und nippte an einem Feierabendbier, „aber diese reißerische Schlagzeile, die etwas völlig aus der Luft Gegriffenes vorgaukelt, geht mir erheblich gegen den Strich.“

Zum wiederholten Mal waren die Medien ein Thema für ihn, das ihn regelmäßig auf die Palme brachte.

„Leiter der SOKO macht auch in Frauenkleidern eine gute Figur“, schnaubte er, die Schlagzeile wiederholend, die ihn aktuell vor Zorn erbeben ließ. „Mensch, kann sich diese Schreibtussi nicht denken, was sie damit anrichtet?“

„Du musst das nicht so eng sehen“, Carsten versuchte erneut, die Wogen etwas zu glätten. „So eine Journalistin macht auch nur ihren Job. Und ihr Auftrag ist es nun mal, Leser zu fesseln.“

„Und da ist jedes Mittel recht?“ Torsten schlug heftig mit der Hand auf die Sessellehne.

„Junge, verletz dich nicht“, schmunzelte Carsten, „du wirst noch gebraucht.“

Aber sein Freund war noch lange nicht so weit, von seiner Palme herunterzukommen. „Ich verstehe nicht, warum du so ruhig bleibst, dich hat sie doch auch da reingezogen.“

„Ach“, winkte Carsten ab, „diese kleine Bemerkung zu unserer Freundschaft und deinem Spitznamen.“

„Carsten!“, Torsten schnellte aus seinem Sessel hoch, „das hat die doch ganz bewusst gemacht. Frauenkleider und dann noch, dass mein Freund mich „Tossi“ nennt, da denkt man sich doch gleich wer weiß was.“

„Übertreibst du jetzt nicht?“, startete Carsten einen erneuten Beschwichtigungsversuch.

„Mit Sicherheit nicht, die wollte doch den Eindruck erwecken, es gäbe da ein dunkles Geheimnis bei mir und darum knöpfe ich mir die saubere Dame jetzt mal vor“, verkündete er. „Frauen kann man nicht zum Duell fordern“, frotzelte Carsten, der immer noch versuchte, dem Gespräch eine humorvolle Note zu geben.

„Keine Sorge“, lautete die Antwort, „wir treffen uns ganz zivilisiert zum Essen im Wennhof.“ Er schaute auf die Uhr. „Tja, und damit geht unser Plauderstündchen auch langsam zu Ende, denn der Termin ist in einer halben Stunde.“

„Tossi“, Carsten schaute nun doch etwas ernster, „mach keinen Blödsinn, behalte die Ruhe, ich kenne dich doch, wenn du dich erst mal in Rage redest ...“

„Versprochen“, sagte Torsten, „und jetzt lass uns noch schnell eine Runde Eisenbahn fahren. Gib mir mal das Figürchen da, das könnte ich doch sozusagen stellvertretend für die Dame mit der flotten Feder auf die

Schienen legen und du lässt einen Zug darüberrollen ..."
Jetzt war es an Carsten, die Augen zu verdrehen.

Derweil saß Angelika Haelter, Redakteurin für Lokales mit dem selbstgewählten Kurzzeichen „aha", schon im Restaurant Wennhof in Scharbeutz und studierte die Speisekarte. Sie kam gerne etwas früher zu ihren Terminen, um die „location" in Augenschein zu nehmen.

An zwei Nebentischen vergnügte sich eine Reisegruppe. *Ruhrgebiet,* dachte Angelika herablassend. Der Dialekt ließ daran ihrer Meinung nach keinen Zweifel. Missmutig starrte sie mit dunkel umrandeten Augen auf die Gesellschaft und knabberte an ihrem Daumennagel herum. Sie selbst bemerkte es schon gar nicht mehr, dieses Unzufriedenheits-Geknabber, dafür ihre Umwelt anscheinend umso mehr.

Trotz des fröhlichen Getöses an den Nebentischen hörte sie die gemurmelte Bemerkung eines Gastes zu seinem Nachbarn „Wat die wohl für Probleme hat, die sie da wegknabbert?" sehr wohl. Sie unterdrückte den Impuls, dem Typ ihre Meinung zu sagen. Probleme? „Eine Angelika Haelter hat keine Probleme", hätte sie dem Typ am liebsten als Antwort auf den Beilagenteller geschleudert.

Diese Provinzheinis gingen ihr auf die Nerven. Wobei Provinz bei ihr sehr weit gefasst war. Auch ihr Arbeitsgebiet – die Lübecker Bucht – empfand sie als Provinz. „Nur eine Zwischenstation“, beruhigte sie sich selbst und gab sich einen Moment lang ihren Träumen hin. Eines hoffentlich nicht mehr ganz so fernen Tages würden schon die Zeitungen, die sie für maßgeblich hielt, ihre Qualitäten erkennen. Allen voran die BILD. Jede Schlagzeile ein

Knaller. Da wurde nicht gekleckert, da wurde geklotzt.

Genüsslich hatte sich Angelika, die sich auf ihrer Visitenkarte lieber Anka nannte, weil sich das weltoffener anhörte, die Berichte über Aufstieg und Fall von Karl Theodor zu Guttenberg jeden Morgen schon vor dem Frühstück gegönnt. Und was lief bei ihr? Jeden Tag der Kampf mit der Redaktionsleitung um den Bericht auf der ersten Seite.

„Frau Haelter, so geht das nicht!“, hatte der Chefredakteur sie erst gestern wieder gerügt und mit einem mehrseitigen Beschwerdebrief eines großen Anzeigenkunden gewedelt.

Darin war haarklein aufgeführt, welche journalistischen Fehltritte sie angeblich mal wieder begangen hatte und als Schlusspunkt wurden die noch vereinbarten ganzseitigen Anzeigen erst einmal auf Eis gelegt. Ihre Antwort „Peanuts“ quittierte ihr Chef mit einer Standpauke, die sich gewaschen hatte.

„Auch Sie, liebe Frau Haelter, leben vom Anzeigengeschäft“, schloss er das Donnerwetter. Mit hochrotem Kopf und einer sehr hochgezogenen Augenbraue entließ er sie mit dem Auftrag, die „Frauenkleider-Geschichte“ nicht auch noch zu versauen.

„Keine aus dem Zusammenhang gerissenen Zitate, keine Halbwahrheiten!“, hatte er ihr für den heutigen Termin mit auf den Weg gegeben. „Wir können uns Ihretwegen nicht schon wieder Ärger mit der Polizei leisten.“

Angelika wusste genau, worauf ihr Chef anspielte. „Ja, wenn man immer alles in so wenig Zeilen wie möglich pressen muss, dann kann man eben die Gesprächspartner nur gekürzt zitieren“, versuchte sich die Jung-Journalistin zu rechtfertigen.

Ihr Chef winkte ungeduldig ab. „Sollte Ihnen zu denken geben, dass es bei den anderen Kollegen noch nie solchen Ärger gegeben hat. Ihretwegen hat sich kürzlich sogar der Innenminister höchstpersönlich bei uns und als Krönung noch bei allen anderen Medien beschwert!“

Die Restauranttür ging auf und riss sie aus ihren Gedanken. Torsten Rellek schaute sich suchend um. Nicht gerade wohlwollend blieb sein Blick an „Anka“ hängen.

„Tach“, bellte er sie kurz an, und setze sich.

„Herr Rellek“, Angelika meißelte sich ein Lächeln ins Gesicht, „wie schön, dass Sie sich für mich Zeit nehmen.“

„Sie können die Schmeicheleien lassen, Frau Haelter“, beschied Torsten sie kurz und knapp. „Was haben Sie sich da wieder mal zusammengeschrieben?“, blaffte er sie an. „Herr Rellek, es muss doch gestattet sein, ein Thema mal etwas humorvoll anzugehen“, schmeichelte sie.

Torsten Rellek holte tief Luft, aber sie fiel ihm ins Wort: „Es spricht doch für Sie, dass Sie einen Spaß mitmachen, das spricht doch für Ihre Lockerheit.“

Plötzlich überfiel ihn eine unheimliche Wut. „Haben Sie eigentlich nicht den Ansatz einer Ahnung, was Sie angerichtet haben?“, schrie er sie an – zornesrot im Gesicht.

An den Nebentischen verstummten die Gespräche. „In meinem Beruf sind Respekt und Achtung eine wichtige Voraussetzung. Sie haben mich lächerlich gemacht, Sie haben für unnötiges Gerede gesorgt. Meine Kollegen und selbst der Rauschgiftschmuggler, den wir kürzlich dingfest gemacht haben, tuscheln und grinsen hinter meinem Rücken."

„Ach, Herr Rellek, das bilden Sie sich doch sicher nur ein", versuchte die Redakteurin zu beschwichtigen.

„Das ist ja noch nicht alles", ereiferte sich Torsten, „Sie ziehen da auch noch meinen Freund mit rein. Was sollte die Bemerkung, dass ich wohl ein ganz spezieller Freund für ihn bin und er mich ‚Tossi' nennt?"

„Tut er doch – oder?" Angelika versuchte es mit einem unschuldigen Augenaufschlag.

„Stellen Sie sich doch nicht so dumm!", fuhr Torsten sie an. „Die falsche Denkrichtung bei den Lesern haben Sie doch aus Sensationshascherei eiskalt einkalkuliert. Einige Eltern haben sogar beunruhigt beim Rektor der Schule, an der mein Freund beschäftigt ist, nachgefragt, ob ihre Kinder bei Carsten gut aufgehoben sind. Ist es Ihnen eigentlich völlig egal, was Sie Menschen mit Ihren Worten antun?"

Zum Glück klingelten in diesem Moment beide Handys von Angelika Haertel, so konnte sie ihre Antwort noch einmal überdenken. Hektisch kramte sie in ihrer Riesentasche, um „Hell's Bells" und „Ja, lebt denn der alten Holzmichl noch", zur Ruhe zu bringen. Amüsiert nahm Torsten Rellek zur Kenntnis, dass die „Bells" anscheinend ein Anruf aus der Redaktion und der „Holzmichl" den ihres Vaters signalisierten.

Mit unfreundlichen, kurzen Antworten wimmelte sie

– offensichtlich genervt – ihren Vater einfach ab. Beim Gespräch mit der Redaktion nahm sie sich zwar in ihrer Ausdrucksweise etwas zusammen, dafür sprach ihr Gesicht Bände.

Währenddessen war die Bedienung erschienen und da Angelika Haertel noch beschäftigt war, bestellte Torsten kurzerhand zweimal das Gericht „Aus dem Stall und vom Acker“.

Angelika war inzwischen nach draußen verschwunden, nachdem sie sich für ihre laute Unterhaltung am Telefon missbilligende Blicke der anderen Gäste eingefangen hatte. Als sie auch nach einer viertel Stunde nicht zurückkam, vermutete Torsten schon, sie hätte sich einfach aus dem Staub gemacht. *Würde zu ihr passen,* dachte er. Die Bedienung kam an den Tisch, um mit einem freundlichen Lächeln das Bestellte zu servieren und wurde dabei unsanft von der just in diesem Moment zurückkehrenden Journalistin angerempelt.

„Nichts wird so heiß gegessen, wie es gekocht wird“, versuchte Torsten versöhnlich, den Gesprächsfaden wieder aufzunehmen, „und wir werden sicher auch zu einer einvernehmlichen Lösung kommen. Eine Richtigstellung und eine Entschuldigung an einer Stelle, wo die Leser es auch finden, würde mir genügen.“

Anka stocherte ungeduldig auf ihrem Teller herum, um ihn dann schließlich missmutig von sich zu schieben.

Was mache ich hier eigentlich? Das ist doch gar nicht mein Niveau, schoss es ihr durch den Kopf.

„Wissen Sie was", sagte sie dann laut, „das ist mir hier zu blöd, das bringt doch nichts und wen interessiert schon die Meldung von gestern? Ich habe gerade erfahren, dass es im Timmendorfer Gewerbegebiet einen schweren Chemieunfall gegeben hat, bei dem viele Leute verletzt worden sind. Mit so einem Bericht komme ich bestimmt auf die erste Seite und nicht mit einer blöden Entschuldigung."

Sie raffte ihre Sachen zusammen, ließ das Essen und eine ziemlich verblüfften Torsten Rellek zurück und stürmte mit den Worten „Und nur das ist mir wichtig!", aus dem Restaurant.

Was für eine selbstverliebte, zynische Zicke, dachte Torsten und nahm gerne die Einladung der fröhlichen Gesellschaft am Nebentisch an, sich zu ihnen zu setzen. Es wurde ein anderer Abend, als er es sich vorgestellt hatte. Keine Aussprache mit der Journalistin, nichts war geklärt worden, aber in der ausgelassenen Runde der Reisebus-Gesellschaft vergaß er an diesem Abend seinen Ärger.

„Papa, Paaapaaa!" Justin, der Sohn von Torsten Rellek, konnte sehr bestimmend sein. „Papa, Telefon, es ist Carsten."

Ein Blick auf die Uhr zeigte einige Minuten nach sechs Uhr am Morgen. Torsten griff missmutig zum Hörer. Warum weckte Carsten die Familie zu so unchristlicher Zeit?

„Tossi, was ist gestern Abend passiert?“, hörte er seinen Freund aufgeregt fragen.

Torsten versuchte, sich zu sammeln. „Nichts, außer, dass ich ein paar Bier zu viel hatte, war aber ein netter Abend.“

„Mit der Journalistin?“

„Was soll die Frage?“, maulte Torsten

„Schau mal in die Zeitung“, sagte Carsten und legte auf.

Torsten quälte sich aus dem Bett und schlurfte in die Küche. Seine Frau stellte ihm mit besorgter Miene einen großen Becher Kaffee auf den Tisch.

„Was ist gestern Abend passiert?“, fragte auch sie als erstes und schob ihm vorsichtig die Tageszeitung hin. Die Schlagzeile auf der ersten Seite war nicht zu übersehen: „Schwerer Unfall – Journalistin im Koma“.

Torsten versuchte, die Einzelheiten aufzunehmen. Zu schnell gefahren, Handy im Fußraum gesucht, Warnlicht beim Bahnübergang übersehen, vom Zug erfasst ... Bedauern der Redaktion, Hoffnung, sie bald wieder einsatzbereit im Team begrüßen zu können.

Er ließ seinen Kaffee unberührt stehen und stürzte zu

seinem PC, um weitere Einzelheiten zu erfahren. Zicke hin oder her, so etwas hatte doch niemand verdient. Klick, klick, klick, die Meldung wurde in Windeseile überall aufgegriffen. In den Lokalmedien, überregional, ja, selbst die BILD berichtete.

„Damit komme ich bestimmt auf die erste Seite … das ist mir wichtig …“, erinnerte sich Torsten an Gesprächsfetzen mit Angelika Haertel.

„So hat sie es sich bestimmt nicht vorgestellt“, sagte er zu dem stummen Computer. Dass der Unfall an einem Bahnübergang passiert war, erschütterte ihn bis ins Mark.

Gib mir mal das Figürchen da, das könnte ich doch sozusagen stellvertretend für die Dame mit der flotten Feder auf die Schienen legen und du lässt eine Zug darüber rollen …, hallte es in seinem Kopf wider.

Er war ein realistischer Mensch und hielt nichts von Wünschen an das Universum oder gar Woodoo-Zauber … aber in diesem Moment war es ihm sehr mulmig zumute.

„... aus dem Stall und vom Acker"

Raffinierter Auftritt: Mit dem Meerrettich und der Ofenkartoffel schmeckt das Rumpsteak noch mal so gut.

Zutaten für 4 Personen:

4 große Kartoffeln à 250 g
10 EL gutes Olivenöl
Meersalz, schwarzer Pfeffer
2 EL Schmand
1 ca. 5 cm langes Stück Meerrettichwurzel
2 große Rumpsteaks (à ca. 250 g)
100 g Feldsalat
1 Schalotte
3 EL weißer Balsamico
Zucker, Salz, Pfeffer

Zubereitung:

Ofenkartoffel abkochen, längs halbieren und das Innere der Kartoffeln mit dem Löffel herauskratzen und mit Schmand mischen. Meerrettich schälen, waschen, fein reiben und unterrühren. Mit Salz und Pfeffer abschmekken. Mischung wieder in die Kartoffel füllen und warm stellen.

Die Steaks mit 1 EL Öl einreiben und mit Salz und Pfeffer würzen. Ca. 7 Min. bei starker Hitze braten (medium)

und wenden.
Schalotte schälen und fein würfeln. In ein hohes Glas geben und Balsamico hinzugeben. Mit einem Mixstab pürieren, restliches Olivenöl langsam untergeben. Mit Zucker, Salz und Pfeffer abschmecken und vorsichtig unter den geputzten Feldsalat unterheben.

Anrichten:
Die Steaks halbieren und zusammen mit den Ofenkartoffeln und dem Feldsalat auf den Tellern anrichten.

Name und Anschrift des Betriebes:
Hotel-Restaurant Wennhof
Seestraße 62
23683 Scharbeutz
Telefon: 04503-35280
www.hotel-wennhof.de

Ugly Ukli

Eva Almstädt

Der Ukleisee liegt reglos vor mir. Der dunkle Wald am anderen Ufer spiegelt sich gestochen scharf auf seiner Oberfläche. Würde man das Bild auf den Kopf stellen, wie durch eine Lochkamera, könnte man keinen Unterschied feststellen. Nah am Ufer ist das Wasser so klar, dass ich bis auf den morastigen Grund sehen kann.

Ich schwitze leise vor mich hin. Die Sonne brennt durch das Blätterdach. Nicht mal mitten im Wald kann man der schwülen Wärme entkommen. Bei diesem Wetter ist die Geschichte, über die ich schreiben soll, nicht nur unglaubwürdig, sie ist lächerlich: Das Ungeheuer vom Ukleisee, „Ugly Ukli“, wie es inzwischen genannt wird.

Vom Parkplatz steigt ein Mann den Weg zu mir hinunter. Es ist Andreas Wellenhorst, mit dem ich hier zu einem Interview verabredet bin. Nebenbei bemerkt schuldet er mir noch was wegen einer Sache, in der ich ihm mit seiner Versicherung geholfen habe. Aber das ist eine andere Geschichte.

Wellenhorst ist eigentlich nicht der Typ, der an Seemonster glaubt. Und doch ist er der dritte, der unsere Nessie vom Ukleisee gesehen haben will. Er führt einen Rauhaardackel an der Leine. Das Vieh kläfft los, als es mich sieht.

„Macht es Ihnen was aus, wenn ich unser Gespräch aufzeichne?“, frage ich ihn gleich zu Beginn.

„Würde das was ändern?“ Er sieht mich nicht an, versucht stattdessen, sein aufgeregtes Tier zu beruhigen.

„Erzählen Sie mir einfach, was Sie gesehen haben.“

„Schon klar. Es war gegen halb zehn Uhr, kurz nach Sonnenuntergang. Ich ging mit Leyla am Ufer entlang. Sie fing an zu knurren. Ich konnte nicht sehen, warum. Der Wald war dunkel und ich hatte nur eine kleine Taschenlampe dabei. Ich dachte, da ist vielleicht ein streunender Hund oder ein Wildschwein. Als ich wieder auf den See hinausschaute, tauchte es dort hinten auf.“

Ich nicke aufmunternd. Als Journalist muss man im richtigen Moment schweigen können.

„Der Mond kam gerade zwischen den Wolken hervor und leuchtete auf den See. Das Ding, das da aus dem Wasser gekommen war, sah aus wie ein riesiger Arm oder ein langer Hals. Dann gab es eine Welle, und der Körper tauchte aus dem Wasser.“

„Könnte es nicht auch ein Boot gewesen sein? Oder ein Mensch, zum Beispiel ein Schwimmer im Neoprenanzug?“

„Denken Sie, ich würde Ihnen das erzählen, wenn da nur jemand ein nächtliches Bad genommen hätte?“

Ich zucke mit den Schultern. Leyla läuft mit auf den

Boden gesenkter Nase umher, als wäre das Seemonster hier ans Ufer gestiegen und sie könne seine Fährte aufnehmen, um es zu stellen. Hunde haben bessere Instinkte als wir.

„Wo genau befand sich das ‚Ding' denn?"

„Ich stand genau hier, so wie wir jetzt. Es befand sich dort hinten, hinter der Ausbuchtung." Er deutet vage auf eine Stelle auf dem See.

„Wenn Sie es von hier aus erkennen konnten, dann war es größer als alles, was es im Ukleisee an Wassertieren gibt. Hatten Sie keinen Fotoapparat dabei, nicht einmal ein Fotohandy?"

Ein Beweisfoto wäre nützlich.

„Das nächste Mal, wenn ich mit dem Hund gehe, nehme ich ein Kamerateam mit", spottet er.

„Also gut. Ihr Augenzeugenbericht ist das Entscheidende. Wir haben ja auch schon zwei Aufnahmen von dem ... Ding."

Die Fotos haben eine miserable Qualität, weil sich das Biest bisher nur nachts gezeigt hat, wie sich das für ein richtiges Seemonster gehört. Aber immerhin. Und es wurde in der letzten Woche dreimal gesichtet. Von glaubwürdigen, bodenständigen Menschen aus der Region.

„Was denken Sie denn, was das war?" Wellenhorst blickt mich herausfordernd an.

„Keine Ahnung. Irgendwas wird es schon gewesen sein.“

Wir verabschieden uns, jeder unzufrieden mit dem Verlauf des Treffens. Er, weil er wohl das dumpfe Gefühl hat, sich lächerlich gemacht zu haben. Ich, weil ich mich mit dem, was ich schreiben soll, lächerlich machen werde. Ich beschließe, diese ungemütliche Vorahnung mit einem kühlen Bier und etwas Leckerem zu essen auf der Terrasse vom Uklei-Fährhaus zu bekämpfen. Danach werden die 1500 Zeichen, die ich heute noch abliefern muss, bestimmt nur so aus mir herausfließen.

Vom Parkplatz am Ukleisee hinüber zum Uklei-Fährhaus, das am benachbarten Kellersee liegt, sind es nur fünf Minuten zu fahren. Ich passiere das Hotel auf der Anhöhe zwischen den Seen und fahre etwas zu zügig die schmale Straße hinunter, die schnurgerade auf das dunkelrot gestrichene Fährhaus zuführt. Dabei formuliere ich den Artikel in Gedanken schon mal vor: Leicht ironischer Unterton, mit der richtigen Portion Spannung und Grusel, um den Leuten das Sommerloch zu versüßen. „Ugly Ukli“, mit so ‘nem Seemonsterchen werde ich schon fertig werden.

Auf der Terrasse des Uklei-Fährhauses treffe ich Rabea Jungblut, meine Ex. Sie sitzt allein an einem Tisch mit Blick auf den See und hat eine Portion Schwarzbrot mit Krabben und Rührei vor sich stehen. Wir haben uns im besten Einvernehmen getrennt, was mir jetzt den schönsten Tisch in der Sonne und angenehme Gesellschaft garantiert. Ich setze mich ihr gegenüber und bestelle zunächst mal ein Bier.

Da bemerke ich ihre roten Augen. „Ups! Was ist los, Rabea?“

Sie sieht mich kurz an, schaut dann gleich wieder auf ihren Teller. „Hast du es noch nicht gehört? Magnus ist weg.“

„Wie – weg?“ Magnus Hirsch ist mein Kollege bei der Zeitung, ein alter Kumpel und ihr neuer Freund.

„Verschwunden. Seit vorgestern schon. Nachmittags haben wir noch miteinander telefoniert und alles war gut. Er tat ein bisschen geheimnisvoll, aber ich dachte, es hätte mit meinem Geburtstag zu tun ... Aber seitdem hat ihn niemand mehr gesehen. Sein Auto steht im Carport, sein Haus ist verschlossen und leer. Er ist einfach weg. In der Redaktion war er auch nicht mehr, aber das dürftest du ja schon mitgekriegt haben.“

„Ich dachte, er sei unterwegs. An irgendeiner Story dran.“ Ich bestelle bei der vorbeikommenden Kellnerin die „Fährhaus-Liebe“. Genau das, was ich jetzt brauche.

Rabea schüttelt den Kopf. Eine Wolke schiebt sich vor die Sonne und verdunkelt kurzfristig den Kellersee und das Gesicht meiner großen Liebe. Ich versuche, mir nicht anmerken zu lassen, was für unerfreuliche Bilder ich auf einmal im Kopf habe. Zu sagen, Magnus Hirsch sei verlässlich und berechenbar, ist schamlos untertrieben. Er hat die Zuverlässigkeit erfunden. Wo zum Teufel sollte er stecken, wenn nicht in ernsthaften Schwierigkeiten?

„Dann weißt du also auch nicht, wo er ist?“, fragt sie drängend.

„Magnus und ich sind nicht mehr so dicke, seit das mit uns beiden auseinandergegangen ist, Rabea.“

„Das ist jetzt nicht der richtige Zeitpunkt für eure albernen Eifersuchtsattacken“, faucht sie mich an. „Magnus ist verschwunden. Er ist vielleicht in Gefahr, oder ihm ist schon was passiert!“

„Nur was, Rabea?“

„Das letzte, was er zu mir gesagt hat, war, dass er dich dringend anrufen müsse.“

Aha. Der geplante Anruf ist nun wirklich beunruhigend. Wie schon gesagt, wir waren nicht mehr so dicke. Auf dem Rückweg in die Redaktion kreisen meine Gedanken um Magnus’ Verschwinden. Ich möchte eigentlich keinen Nachruf auf ihn schreiben müssen.

Schottische Verhältnisse?

Was den Schotten ihre Nessie, ist den Bewohnern rund um den Ukleisee neuerdings „Ugly Ukli“. Gestern Abend kurz vor Mitternacht hat ein Spaziergänger erneut ein nicht identifizierbares Geschöpf aus dem See tauchen sehen. Es ist die dritte Sichtung dieser Art, die jeweils von einander unabhängigen Personen geschildert wurde. Andreas W. war abends um halb zehn Uhr mit seinem Hund am Ufer des Ukleisees entlanggegangen. Er berichtete, genau wie die beiden anderen Augenzeugen, von einem hals- oder armähnlichen Ding, das aus dem Wasser auftauchte, gefolgt von einem massigen Körper. Allen Angaben zufolge handelt es sich um ein Tier oder ein Objekt, das mindestens drei Meter lang ist und anderthalb Meter aus dem Wasser ragt. Und es bewegt sich selbsttätig. Bisher konnte niemand eine plausible Erklärung für das Phänomen „Ugly Ukli“ liefern. In der Bevölkerung werden bereits Vermutungen laut, die auf einen Zusammenhang mit der Sage vom Ukleisee, der versunkenen Kapelle und Geistererscheinungen hinweisen.

Eines ist sicher – ein Seemonster à la Nessie würde den Tourismus in der Region erfreulich ankurbeln. Vincent P., der in Kürze seine Erlebnisgastronomie mit angeschlossenem Themenhotel „Uklei-Paradies“ eröffnet, sagte gegenüber der Presse: „Dieses Seemonster ist das Beste, was uns in der Region passieren kann. Meinetwegen darf Ugly Ukli noch sehr lange bei uns im See sein Unwesen treiben.“

Den kleinen Seitenhieb kann ich mir nicht verkneifen. Bei unerklärlichen Phänomenen dieser Art führt die Frage „Wem nützt das?“ oft zu erstaunlichen Resultaten. Während ich noch am Computer sitze und den Artikel in die Redaktion schicke, klingelt es.

Rabea schnüffelt ins Telefon. „Magnus ist immer noch nicht wieder da.“

„Warst du schon bei der Polizei?“

„Ja. Aber die sagen, sie können noch nichts unternehmen. Magnus ist ein freier Bürger, der seinen Aufenthaltsort nach Belieben wählen kann, ohne irgendjemandem darüber Rechenschaft ablegen zu müssen. Besonders mir nicht – seiner Freundin – sollte das wohl heißen.“

Ich klopfe mit dem Bleistift gegen meine Schneidezähne. „Soll ich ein paar Erkundigungen über ihn einziehen?“

„Ugly Ukli“ ist eh abgefrühstückt. Vielleicht wartet da eine viel bessere Geschichte auf mich? Real Crime, keine Monster-Märchen. Aber das sag ich Rabea natürlich nicht.

„Oh, würdest du das für mich tun?“

Ich straffe die Schultern. „Bin schon unterwegs. Du wirst sehen: Es gibt eine ganz harmlose Erklärung für sein Verschwinden.“

Der argwöhnisch betrachtete Neuzugang der Uklei-Region, Vincent Paulsen, will gerade mit seiner schwarzen Mercedes R-Klasse vom Hof schrubben. Ich parke meinen alten Honda quer vor der Ausfahrt, damit er mir nicht entwischt.

„Hey, Sie! Wollen Sie da festwachsen? Platz da! Ich hab' gleich 'n Termin!", fährt er mich an.

„Und ich habe ein paar Fragen an Sie, Herr Paulsen."

„Wenn es um die Eröffnungsfeier vom Uklei-Paradies geht, machen Sie was mit meiner Assistentin aus."

„Es geht um Magnus Hirsch."

„Wer ist das denn?"

„Herr Hirsch war neulich bei Ihnen: Es ging um Ihr Unternehmen und das rätselhafte Seemonster, soweit ich weiß."

Vincent Paulsen lacht humorlos auf. „Ach, den rasenden Reporter meinen Sie. Der hat mir doch tatsächlich unterstellt, dass „Ugly Ukli" eine Erfindung von mir ist."

Ich hatte vor ein paar Tagen mit Magnus darüber gesprochen. Nach seiner Theorie wollte der Unternehmer mit einem erfundenen Seemonster dafür sorgen, dass die Touries scharenweise zum See kommen und sich anschließend bei ihm im Lokal stärken. Da das Monster nur nachts erscheint, wäre auch gleich für Übernachtungsgäste gesorgt.

„Ich hab mal ein bisschen recherchiert, Herr Paulsen.

Die Zeugen, die das Monster gesehen haben wollen, stehen alle irgendwie mit Ihnen in Verbindung."

Das stimmt sogar, heißt aber nicht viel, weil man sich hier in der Gegend eben kennt. Ich will nur sehen, wie er reagiert.

„Ach ja? Ich hab hier quasi mit jedem Kontakt. Auf meiner Baustelle im ‚Uklei-Paradies' arbeiten nur ortsansässige Handwerksbetriebe. Ich will der Region etwas Gutes tun. Darüber sollten Sie mal schreiben."

Er bohrt seine Fäuste in die Taschen seines Jacketts und sieht mich mit schmalen Augen an. Volltreffer.

Wie es der Zufall will, hupt es hinter mir und ein Lieferwagen der Firma Wellenhorst will auf den Hof fahren: Installationen – Sanitär und Heizung. Wie praktisch, dass Andreas Wellenhorst seine Leyla immer um den Ukleisee herum Gassi führt. Und dabei das Monster gesichtet hat. Zunächst muss ich zwar Platz machen und Vincent Paulsen entwischt mir, aber auf lange Sicht, da werde ich die Sache schon ins rechte Licht rücken.

Der Nachmittag vergeht über die Recherche für zwei kleinere Artikel, und nebenbei spreche ich noch mal mit den anderen beiden Zeugen von „Ugly Ukli". Die eine ist, große Überraschung!, Vincent Paulsens neue Assistentin für das Uklei-Paradies. Er hat sie sich aus Lübeck mitgebracht. Den einsamen See-Spaziergang in der Dämmerung nehme ich ihr nicht so recht ab.

Der andere Zeuge ist ein Rentner aus Sielbeck. Spontan fällt mir nichts ein, das ihn mit Paulsen verbinden könnte. Aber das findet sich schon noch. Vielleicht denkt er, dass seine Rente nicht allzu großzügig bemessen ist und ihm ein zusätzliches Taschengeld gut zu Gesicht stehen würde? Magnus liebt es übrigens, im Dreck herumzuwühlen. Und die Story vom Ukleisee mieft gewaltig.

„Findest du wirklich, dass das eine gute Idee ist?"

Die Nachbarn in den umliegenden Häusern sind zwar längst in ihren Bettchen oder vor der Glotze eingepennt, aber gut fühle ich mich bei unserem Vorhaben nicht gerade.

Rabea und ich schleichen den Plattenweg zu Magnus' Haustür hoch. Wir wollen heimlich bei ihm rein, um irgendeinen Hinweis zu finden, der uns zu ihm führt. Das war ihre Idee. Klang ja in der Theorie auch ganz reizvoll, aber nun wird mir klar, dass wir ungebeten in seine Privatsphäre eindringen.

„Natürlich ist die Idee gut." Sie schließt die Haustür auf. Er hat ihr demnach schon seinen Schlüssel gegeben. Und mir gegenüber hat er frech behauptet, das mit Rabea sei nichts Ernstes. Dieser Hund!

In seinem Haus riecht es schon etwas gammelig. Wir

können kein Licht machen, wegen der Nachbarn, also stolpern wir im Dunkeln herum. Ich bin nervös. Meine Fantasie gaukelt mir vor, Magnus könne hier irgendwo tot herumliegen und mit einer eiskalten, nassen Hand nach meinem Knöchel greifen. Puh!

„Hier ist sein Notebook“, wispert Rabea. „Scheiße.“

„Wieso Scheiße?“

„Er war doch mit dem Ding so gut wie verwachsen.“

„Das hat er bestimmt nur vergessen. Wenn er nun irgendwohin musste, wo er es nicht mit hinnehmen konnte?“

„Wo sollte das denn sein?“ Sie geht in Richtung Kellertreppe.

Ich schleiche zögerlich hinterher. Auf eine Kellerinspektion hab ich keine große Lust.

„Ich glaub es nicht“, sagt Rabea, als wir unten in Magnus’ Lagerraum stehen. „Magnus‘ Taucherausrüstung ist weg!“

Sie ist fix, meine Süße, das muss ich ihr lassen. In dem Haufen Zeug zu sehen, was fehlt. Rabea guckt mich mit weit aufgerissenen Augen an.

„Du glaubst doch nicht, dass er auf einen Kurztrip auf die Malediven geflogen ist, ohne dich mitzunehmen?“, versuche ich die Situation zu retten. Gleichzeitig weiß ich, dass ich etwas werde tun müssen. Etwas, das mir nicht gefällt.

Der Ukleisee liegt schwarz und still da. Ich kann den morastigen Grund nicht sehen. Der Wald um mich herum ist voller Geräusche. Gleich wird der Mond wieder hinter den Wolken hervorkommen. Nicht, dass mir das da unten etwas nützen würde. Ich kann die Lampe erst unter Wasser anstellen. „Ugly Ukli“ hat zu viele Neugierige angelockt. Obwohl – jetzt, weit nach Mitternacht, sind bestimmt keine Spaziergänger mehr am See unterwegs.

Ich zwänge mich in den Taucheranzug, überprüfe noch mal die Flaschen. Mein Zeug verstecke ich im Schilf. Also dann, ich werde „Ugly Ukli“ noch einen Besuch abstatten. Es wird kein schöner Anblick sein. Ich streife mir die Flossen über und wate rückwärts ins Wasser.

Nach drei Schritten reicht es mir bis zum Bauch.

Dahinter geht es steil abwärts. Das hier ist ein typischer Toteissee. Als ich mich rücklings ins Wasser fallen lasse, umschließt mich die kalte Dunkelheit. Der See ist aufgewühlt, ungewohnt trübe. Ich darf mich nicht verirren. Was, wenn ich die Stelle nicht wiederfinde?

Nach acht Minuten taucht in großer Tiefe das Wrack im Schein meiner Lampe vor mir auf. Obwohl ich wusste, was mich erwartet, ist der Anblick ein Schock für mich. Magnus hängt in der Drahtschlinge an dem alten Autowrack, so, wie ich ihn neulich zurückgelassen habe. Die Schläuche zu seiner Sauerstoffflasche hatte ich mit seinem Tauchmesser durchtrennt. Das ist nicht mehr rückgängig zu machen. Es sollte ja schnell gehen. Schließlich bin ich kein Unmensch.

Ich ziehe Magnus' Messer wieder aus seinem Gürtel und lasse es unter der Leiche in den weichen Sand fallen. Es zurückzustecken, war ein Fehler gewesen. Es soll ja so aussehen, als habe er die Schläuche selbst durchtrennt. Dann widme ich mich nochmal der Drahtschlinge. Wenigstens zappelt er nicht mehr. Auch die Schlinge muss vollkommen natürlich wirken: Eben wie bei einem tragischen Unfall.

„Ugly Ukli" ist übrigens meine Idee gewesen. Eine falsche Zeugenaussage hier, eine erfundene Geschichte dort, und das von mir erfundene Seemonster war in aller Munde.

Die „Augenzeugenberichte" waren allerdings nicht alle mein Werk. Unser ehrgeiziger Neu-Hotelier ist mir da ganz unerwartet zu Hilfe gekommen. Das alte Autowrack im See kannte ich von früheren Tauchgängen her. Fand es immer schon verdammt gefährlich, jedenfalls für weniger erfahrene Taucher als mich.

Magnus war sofort Feuer und Flamme, als ich ihm vorgeschlagen habe, mit mir zusammen dem Rätsel von „Ugly Ukli" auf den Grund zu gehen. Im wahrsten Sinne des Wortes. Und dabei habe ich noch ganz nebenbei den Verdacht auf Vincent P. gelenkt, den Magnus nicht ausstehen konnte. Ein Geniestreich.

Ich habe Magnus erklärt, dass das Seemonster ein Gegenstand sein müsse, der unten auf dem Seegrund befestigt ist und auf ein Signal hin durch irgendeinen Mechanismus aufschwimme. Magnus tauchte erst seit letztem Jahr, der Idiot, dachte aber, er sei Supermann. Nur schade, dass ich ihm nicht mehr sagen konnte, wie sehr es mich gekränkt hat, dass er mir Rabea weggenommen hat. Das konnte ich doch nicht einfach so auf mir sitzen lassen.

Ugly Ukli fordert Opfer

Trauriger Fund im Ukleisee:

Der Journalist Magnus H., der offenbar dem Ursprung des Seemonsters auf den Grund gehen wollte, ist bei einem Tauchgang im Ukleisee ums Leben gekommen. Was wohl sein journalistisches Meisterstück hatte werden sollen, wurde ihm zur Todesfalle. Er verfing sich während seines einsamen Tauchgangs in einem Stück Draht, das zu einem alten Autowrack gehört, das schon ewig auf dem Seegrund liegt. Als ihm klar wurde, dass er sich selbst nicht würde befreien können, muss er sich selbst die Schläuche seiner Sauerstoffflasche durchtrennt haben. Seine Freundin Rabea S. sagte aus, dass sie ihm das Tauchmesser mit der Gravur, das in der Nähe der Leiche gefunden wurde, zum Geburtstag geschenkt habe. Polizeitaucher fanden die Leiche heute Vormittag, nachdem seine Freundin der Polizei einen Hinweis auf Magnus Hirschs fehlende Tauchausrüstung und sein Interesse an der Herkunft von Seemonster „Ugly Ukli" gegeben hatte. Seinen Freunden und Kollegen bei der Zeitung wird Magnus Hirsch sehr fehlen.

Fährhaus-Liebe

Rotbarschfilet mit Büsumer Krabben an Lauchgemüse und Kerbelsauce

Zutaten für 4 Personen:

800 g Rotbarschfilet
Zitrone, Salz, Mehl
100 g Butter
4 x 20 g Büsumer Krabben
1 Ei

Für die Kerbelsauce:

40 g Butter
60 g Schalotten
40 g Kerbel
160 ml Grauburgunder
80 g Fischfond
210 ml Schlagsahne
Salz, Pfeffer, Zitronensaft

Für das Lauchgemüse:

400 g Porree
200 g Champignons
200 g Möhren
40 g Butter
Salz, Pfeffer

Für die Schwenkkartoffeln:

60 g Butter
2 EL gehackte Petersilie

Zubereitung:

Rotbarschfilet: Die Fischfilets mit Zitronensaft und Salz würzen, in Mehl und geschlagenem Ei wenden und in der Butter goldbraun braten. Die Krabben zum Dekorieren verwenden.

Kerbelsauce: Die fein gewürfelten Schalotten in Butter anschwitzen, mit Wein ablöschen und den Fischfond mit der Sahne dazugeben, etwas einkochen lassen. Mit Salz, Pfeffer und Zitronensaft abschmecken. Den Kerbel fein hacken und hinzugeben.

Lauchgemüse: Das Gemüse putzen, den Porree in Streifen schneiden und blanchieren. Die Möhren würfeln und in Butter bei mäßiger Temperatur weich dünsten. Die geviertelten Champignons zufügen, garen, dann den Porree mit erwärmen und abschmecken.

Schwenkkartoffeln: Kartoffeln schälen, kochen und mit der Petersilie in Butter schwenken.

Anrichten:

Kartoffeln an den oberen Rand des Tellers, darunter das Gemüse und das Rotbarschfilet legen. Die Sauce auf die freien Stellen des Tellers verteilen, die Krabben auf dem Filet dekorieren.

Name und Anschrift des Betriebes:
Uklei-Fährhaus
Eutinerstraße 7-9
23701 Eutin-Sielbeck
Telefon: 04521-2458
www.uklei-faehrhaus.de

Zwei Siegerrezepte aus dem Jahr 2011:

Der Erstplatzierte:

Dorsch auf Ostseekurs

Dorsch auf krosser Haut an Meerrettichschaum, Wurzelallerlei und Dillkartoffeln

Zutaten für 4 Personen:

800 g Dorschfilet
160 g Sellerie
160 g Kohlrabi
160 g Karotten
80 ml Gemüsesud (aus Instantpulver)
24 g Meerrettich (frisch)
160 g Sahne
80 g Butter
20 g Dill
4 Thymianzweige
30 g Olivenöl
80 ml Weißwein
800 g Kartoffeln
40 g Zwiebeln
1 Zitrone

Zubereitung:

Dorsch auf krosser Haut: Dorschfilet entgräten und portionieren, mit Zitronensaft beträufeln, salzen und pfeffern. In einer beschichteten Pfanne auf der Hautseite in Olivenöl zuerst kross anbraten und Farbe nehmen lassen, wenden und kurz vor Ende der Garzeit einen Teelöffel Butter einschwenken. Einen Thymianzweig dazugeben und mit der entstandenen Aromabutter den Fisch immer wieder übergießen.

Meerrettichschaum: Sahne, restliche Butter und die Hälfte des Gemüsesuds einkochen lassen und mit Salz und Muskat abschmecken. Meerrettich schälen und reiben, anschließend in die Sauce geben und mit einem Zauberstab schaumig schlagen.

Wurzelallerlei: Kohlrabi, Wurzeln und Sellerie schälen und in längliche Streifen schneiden. Wurzelgemüse einzeln blanchieren und in Eiswasser abschrecken. Anschließend Zwiebeln in Butter anschwitzen, das Wurzelgemüse zugeben, abschmecken und mit dem restlichen Gemüsefond einige Minuten einkochen, damit der Zucker aus den Gemüsen leicht karamellisiert.

Dillkartoffeln: Kleine, festkochende Kartoffeln schälen, in gefällige Form bringen und in Salzwasser kochen. Anschließend in heißer Butter schwenken und mit frisch gehacktem Dill, Salz und Pfeffer abschmecken.

Anrichten:

Wurzelgemüse in der Mitte des Tellers platzieren und mit einem Löffel den Glasierfond darüber träufeln. Die Dorschfilets mit der Hautseite nach oben auf das Wurzelgemüse legen. Den Meerrettichschaum um das Gemüse verteilen. 5 Dillkartoffeln rundherrum legen.

Name und Anschrift des Betriebes:

Maritim Strandhotel
Trelleborgallee 2
Telefon: 04502-89-0
23570 Lübeck-Travemünde
www.maritim.de

Ostsee voraus

Dorschfilet auf Kartoffel-Karottenpüree mit einer Meerrettich-Sahne-Sauce

Zutaten für 4 Personen:

800 g Dorschfilet
800 g Kartoffeln
800 g Karotten
60 g Butter
80 ml Weißwein
240 ml Fischfond
200 ml Sahne
15 g Stärke
100 g Meerrettich
12 Kirschtomaten
1 Ei
Mehl zum Panieren
Rapsöl zum Braten

Zubereitung:

Kartoffeln und Karotten schälen und in große Würfel schneiden. Alles zusammen in wenig, leicht gesalzenem Wasser garen und danach grob durchstampfen. Mit ca. 40 ml Sahne und 20 g Butter verfeinern. Nochmals mit Salz und Muskatnuss abschmecken.

Die restliche Sahne mit dem Fischfond aufkochen und

mit der Stärke binden. Mit Salz, Pfeffer abschmecken und den geriebenen Meerrettich hinzufügen.
Das Dorschfilet mit Salz und Pfeffer würzen. Danach mit Mehl und Ei panieren und im Rapsöl goldgelb braten.
Währenddessen eine Sauteuse oder eine Pfanne mit hohem Rand erhitzen, 40 g Butter hineingeben und die Kirschtomaten darin schwenken, bis sie glasig sind.

Anrichten:
Das Kartoffel-Karotten-Püree in der Mitte eines Tellers platzieren. Das Dorschfilet darüber legen. Um das Püree die Meerrettichsauce geben und mit den Kirschtomaten garnieren.

Name und Anschrift des Betriebes:
Hotel Restaurant Hof Sierksdorf
Am Strande 32
23730 Sierksdorf
Telefon: 04563-8884
www.hofsierksdorf.de

Die AutorInnen stellen sich vor:

Eva Almstädt

in Hamburg geboren und aufgewachsen, hat eine Ausbildung in den Fernsehproduktionsanstalten des Studio Hamburgs absolviert und in Hannover Innenarchitektur studiert. Sie ist Autorin einer Krimiserie über die Lübecker Kommissarin Pia Korittki, die mittlerweile in ihrem siebten Fall „Düsterbruch" ermittelt. Eva Almstädt lebt mit ihrer Familie in Schleswig-Holstein, zwischen Hamburg und Lübeck. www.eva-almstaedt.de

Brigitte Arms

wurde in England geboren, wuchs im Ruhrgebiet auf und lebte einige Jahre in Braunschweig und Wiesbaden. Sie studierte Direktmarketing in München, leitete eine Werbeagentur und ist Fachbuch-Autorin. Seit sieben Jahren ist Scharbeutz an der Ostsee ihr Zuhause, wo sie als Journalistin, unter anderem für die Lübecker Nachrichten und darüber hinaus für Fachzeitschriften arbeitet.

Walter M. Dobrow

1952 in Breloh, Lüneburger Heide geboren, lebt seit einiger Zeit in Scharbeutz. Im Vorruhestand und deshalb endlich mit der erforderlichen Zeit ausgestattet, widmet er sich seinen Leidenschaften – dem Schreiben und

Lesen von Büchern und dem Komponieren, Texten und Singen von Chansons ... fast immer mit Bezug und handelnd von der See, die ihn inspiriert. Er hat bisher zwei historische Romane veröffentlicht, im Herbst erscheint sein erster Kriminalroman, der in der Lübecker Bucht beheimatet ist.

Ute Haese

geboren 1958, promovierte Politologin und Historikerin, war zunächst als Wissenschaftlerin tätig. Seit 1998 ist sie freie Autorin und widmet sich inzwischen ausschließlich der Belletristik im Krimi- und Satirebereich. Wie ihre Privatermittlerin Hanna Hemlokk, die bisher drei Fälle gelöst hat, lebt sie in der Nähe von Kiel und schreibt ebenfalls als „Tränenfee" unter mehreren Pseudonymen auch noch sogenannte abgeschlossene Liebesromane. In einer zweiten Krimireihe bekämpft Hauptkommissarin Victoria Boll im fiktiven Döhlin an der Diller das Verbrechen. Ute Haese lebt mit ihrem Mann am Schönberger Strand bei Kiel. www.prawitt-haese.de

Klaudia Jeske

Schleswig-Holsteinerin, Jahrgang 1964. Im Frühjahr 2011 erschien ihr erster Kriminalroman „Erben ist menschlich" im Leda-Verlag. Sie ist Mitglied bei den Mörderischen Schwestern, in der Hamburger Autorengruppe „Mörderklüngel“ und im Syndikat.

Lena Johannson
bekannt geworden durch den 2007 erschienenen Roman „Das Marzipanmädchen“, schreibt vor allem historische Romane, die an der Ostsee angesiedelt sind. Aber auch locker-leichte Strandkorb-Lektüre, die heute spielt, stammt aus ihrer Feder. Und sie ist die erste Halligschreiberin, die es je gab. www.lena-johannson.de

Dorothea Kiausch
1942 in Westerstede/Niedersachsen geboren, wohnt seit 1975 mit ihrer Familie in Ostholstein. Seit 1995 schreibt sie in der Neustädter Schreibwerkstatt; seit 1999 veröffentlicht sie regelmäßig Kurzgeschichten und Gedichte im Verlag am Eschbach/Markgräferland. „Op ewig ungedeelt“ ist ihr zweiter Kurzkrimi, der veröffentlicht wurde.

Dietlind Kreber
1962 in Lippstadt/Westfalen geboren; studierte Betriebswirtschaft. Sie schreibt Kurzkrimis, die in zahlreichen Anthologien verschiedener Verlage zu finden sind. Sie ist eine Mörderische Schwester und Mitbegründerin der Regionalgruppe Rhein-Neckar.
Neben der Arbeit als Schriftstellerin hat sie bereits drei

erfolgreiche Kurzgeschichtenbände herausgegeben. „Mörderische Ostseegerichte“ ist der vierte, „Strandkorbkrimis“ aus der Lübecker Bucht ist der fünfte Band, der im Juli erscheinen wird. Die Autorin lebt heute in der Lübecker Bucht. www.dietlind-kreber.de

Michael Mehrgardt

Jahrgang 1953, lebt mit Ehefrau und zwei seiner vier Kinder in Lübeck. Dort arbeitet er als Psychotherapeut in eigener Praxis. Neben wissenschaftlichen Veröffentlichungen zu philosophischen Fragen der Psychotherapie schreibt er Gedichte, Krimis, Theaterstücke und Kurzgeschichten. Die kleinen Ungereimtheiten des Alltags hat er unter seinem Pseudonym Achim Wiese in den Lübecker Nachrichten in der Rubrik „Echt wahr“ beschrieben.

In Anthologien wurden bisher einige Kurzgeschichten und Gedichte veröffentlicht. Sein erster Kriminalroman „Zwei auf einem Stuhl“ erschien im Frühjahr 2007 im Herkules-Verlag, der zweite wurde unter dem Titel „gar. aus.“ im Juli 2010 vom Sutton-Verlag herausgebracht.

Torsten Prawitt

geboren 1957, arbeitet mit einem abgeschlossenen Geschichts- und Politikstudium seit 1985 als freier Autor. Er veröffentlichte satirische und humoristische Texte in Zeitungen und Zeitschriften, einigen Sammelbänden sowie als Kurzhörspiele in allen öffentlich-rechtlichen Rundfunkanstalten; er schrieb außerdem etliche Nummern für verschiedene Kabarett-Gruppen. Satirische Gedichte, Nonsensgereimtes und -ungereimtes und gelegentlich makabre Kurzgeschichten kommen dazu. Darüber hinaus produziert er zuweilen unter Pseudonym Kurzkrimis für die Yellow Press. Er lebt mit seiner Frau am Schönberger Strand bei Kiel. www.prawitt-haese.de

Petra Tessendorf
wurde in Wuppertal geboren und arbeitete als Journalistin für die Rheinische Post und andere regionale Medien. Im August 2010 erschien ihr Romandebüt „Der Wald steht schwarz und schweiget" im Münchner dtv-Verlag. Seither ist sie als freie Autorin tätig und schreibt Kurzgeschichten und arbeitet an ihrem zweiten Roman. Petra Tessendorf lebt seit einigen Jahren in Ostholstein und Hamburg. www.petratessendorf.de

Jürgen Vogler
wurde 1946 in der Holsteinischen Schweiz geboren. Nach seinem Dienst als Presseoffizier bei der Bundespolizei arbeitet Jürgen Vogler seit 1988 als freier Journalist und Autor. 2007 entstand sein erstes Buch „Ostholstein gestern", in dem er über die historische Vergangenheit

Ostholsteins erzählt. In seinem Kinderbuch erlebt „Bottelpott" – Der beste Pirat aller Zeiten – zehn wundersame Abenteuer. Zudem veröffentlicht Jürgen Vogler von Zeit zu Zeit amüsante Geschichten aus dem Alltag, wie beispielsweise auch seinen ersten augenzwinkernden Krimi in diesem Buch.

Angelika Waitschies
wurde 1954 in Hamburg geboren und lebt in Norderstedt. Nach der Ausbildung zur Fremdsprachenkorrespondentin und Bürokauffrau begann sie 1972 ihre berufliche Tätigkeit beim Norddeutschen Rundfunk in Hamburg, wo sie seitdem arbeitet. Vor drei Jahren startete sie mit dem Schreiben von Kriminalromanen, das erste Buch einer Serie ist fertiggestellt. Die Autorin ist Mitglied der Mörderischen Schwestern.
www.moerderische-schwestern.eu.

Platz für Ihre Notizen

____

____

____

____

____

____

____

____

____

____

Danksagung

Für die Unterstützung bei der Arbeit an diesem Buch möchten wir uns herzlich bedanken

bei Herrn Direktor Oliver Gut vom Maritim Strandhotel in Travemünde, der der Herausgeberin für die Recherchen zu ihrer Geschichte eine Kücheninspektion nebst einer ausführlichen Schilderung der Abläufe sowie die Teilnahme an der Endausscheidung des Ostseegerichtes 2011 ermöglicht hat,
bei den Restaurants, die uns so bereitwillig ihre Rezepte zur Verfügung gestellt und geduldig unsere Fragen beantwortet haben.
und natürlich nicht zu vergessen: bei der kreativen Grafikerin, den Autoren mit ihren abwechslungsreichen Geschichten, der Lektorin und der Zeichnerin.

Sie alle haben es möglich gemacht, das dieses Buch zu einem Leseerlebnis geworden ist.

Hrsg. Dietlind Kreber

ISBN: 978-3-9813966-0-7, 11,-- Euro

mit Kurzgeschichten von Eva Almstädt, Michael Mehrgardt, Petra Tessendorf, Ute Haese u. a.

Ein Reiseführer ganz anderer Art:

Von Lübeck-Travemünde bis nach Grömitz: Lernen Sie Ihren Urlaubs- oder Wohnort von einer völlig neuen Seite kennen.

Neben umfangreichen **Tatortskizzen**, die Ihnen die Orte des Geschehens vor Augen führen, erwarten Sie auch viele interessante Informationen über die jeweiligen Badeorte.

Unter www.ostsee-krimi.de erfahren Sie mehr.

Strandkorbkrimis

Das Lesevergnügen am Strand.

Regionale Autoren und Autorinnen haben für Sie die Strände von Sierksdorf, Haffkrug, Scharbeutz sowie Timmendorfer Strand, Niendorf und Lübeck-Travemünde erkundet und halten in ihren fesselnden Sommergeschichten so manche Überraschungen für Sie bereit.

Eine unvergessliche Urlaubslektüre, die ab Juli 2011 im Buchhandel erhältlich ist.